# Deutsche Fallschirmjäger

## 1939-1945

Christopher Ailsby

# Deutsche Fallschirmjäger

## 1939–1945

*tosa*

Originaltitel *Hitler's Sky Warriors,*

Aus dem Englischen von DIE TEXTWERKSTATT / Dr. Ulrike Müller-Kaspar

Printed in Hongkong

GEWIDMET JOSEF CHARITA

Bildnachweis
Alle Fotos Christopher Ailsby Historical Archives mit Ausnahme von:
The Robert Hunt Picture Library: 2–3, 8, 14, 20, 38 (beide), 39, 42 (beide), 43, 44 (oben), 45 (unten), 46, 49, 50 (beide), 52, 53 (beide), 54 (oben), 55 (beide), 57, 58, 59, 60, 62, 83, 84, 85 (unten), 88 (unten), 89 (oben), 92, 96 (unten), 97, 98, 100 (beide), 102, 103 (unten), 106, 110, 111 (beide), 112 (unten), 115 (unten), 116 (unten), 117, 132, 142, 143 (beide), 146, 149, 151 (oben), 155, 157, 158, 159, 160, 164, 165, 166, 167, 169, 170, Rückumschlag

*Seiten 2–3:* Siegreiche (erfolgreiche) Fallschirmjäger auf dem Gran-Sasso-Plateau nach der Errettung von Mussolini, September 1943

# INHALT

**Oben:** *Der Schütze eines DFS-Seglers, fotografiert während einer Übung. Er trägt den Rang eines Gefreiten, wie man an seinem Kragenspiegel und dem Winkel an seinem Arm sieht.*

# DIE URSPRÜNGE DER FALLSCHIRMJÄGER

*Deutschland begann sich erst Mitte der Dreißigerjahre für die Aufstellung von Luftlandetruppen zu interessieren. Unter den Nazis wurden die Grundlagen geschaffen, auf denen aufbauend man eine ganze Luftlandedivision aufstellen konnte. Doch zunächst musste man nach der Niederlage des Ersten Weltkriegs eine Luftwaffe und Industrie schaffen.*

**Links:** *Ein Fallschirmjägerbataillon im Zweiten Weltkrieg auf Parade. Beachten Sie die Hoheitsabzeichen an den Anzügen. Die beiden Männer links sind Offiziere – sie tragen nicht das übliche Koppelschloss der Mannschaften, sondern Leibriemen für Offiziere der Luftwaffe mit zweifachem Dorn.*

Die Entwicklung der deutschen Fallschirmjägerverbände kann bis in die Jahre vor dem Ersten Weltkrieg zurückverfolgt werden. Zwischen 1900 und 1914 gab es zwei revolutionäre Neuerungen im Militärwesen. Die erste war das Unterseeboot, die zweite etwas später der motorengetriebene Flug. Von letzterem war ganz Europa fasziniert. Fantasien und Hysterie rankten sich darum. Besonders in Deutschland war das Interesse am Motorflug groß, während in Großbritannien die zuständigen Behörden skeptisch waren. 1909 etwa berichtete das britische Committee of Imperial Defence, dass „es sich erst zeigen muss, ob Flugzeuge für den Einsatz bei Schlechtwetter genügend zuverlässig sind. Das Komitee hat noch nicht ausreichend Hinweise dafür, dass es in unmittelbarer Zukunft größere Verbesserungen geben wird." Man wies auf die hohen Kosten eines Flugzeugs, etwa 1000 Pfund, hin und beschloss, stattdessen 45.000 Pfund in die Luftschiffforschung zu investieren. Das War Office (Kriegsministerium) gab bald darauf bekannt, man

**Oben:** *Deutsche Flieger einer AEG C IV bereiten sich im Ersten Weltkrieg auf einen Einsatz vor. In den letzten Kriegsmonaten wurden die deutschen Piloten mit Fallschirmen ausgerüstet. Das britische Air Board (Luftschifffahrtsbehörde) missbilligte den Gebrauch von Fallschirmen durch Piloten: „Es ist die Meinung des Boards, dass ein solches Gerät (ein Fallschirm) den Kampfgeist der Piloten beeintächtigen und sie veranlassen kann, Maschinen aufzugeben, die noch zur Reparatur zum Stützpunkt zurückkehren könnten." Stattdessen empfahl das Board zum Schutz der Flugzeuge und ihrer Mannschaften Panzerung.*

habe Experimente mit Flugzeugen gestoppt, „da die Kosten zu hoch waren: 2500 Pfund." Die Franzosen hatten ab 1909 den Gegenwert von 47.000 Pfund für Heeresflugzeuge aufgebracht. Die Deutschen, die die neue Wissenschaft dominieren wollten, gaben allein für Flugzeugforschung den Gegenwert von 400.000 Pfund aus.

In Deutschland gab es ein Luftfahrt-Testprojekt unter der Aufsicht Hauptmann de le Rois vom preußischen Kriegsministerium. Unter der Leitung des Stabsoffiziers Major Hesse wurde eine technische Abteilung eingerichtet. Zur Koordination der Bemühungen der Armee mit denen der Privatindustrie führte man ein Inspektorat unter Leitung Generalleutnant Freiherr von Lynckers ein. In der Folge schuf man ein Amt für Flugzeugbau. 1909 wurden in Anwesenheit Kaiser Wilhelm II. vom Militär erstmals bei Manövern Flugzeuge eingesetzt. Im Jahr darauf gab es die ersten Flugschulen. Am 8. Juli 1910 erhielt Hauptmann de le Roi das Kommando über die provisorische Flugschule bei Döberitz. Das Fliegerkommando Döberitz bestand aus Hauptmann de le Roi, Oberleutnant Geerdtz, Leutnant Mackenthun und Leutnant von Tarnoczy. Eine Woche darauf begannen sie die Fliegerschulung. Mitte Dezember hatten die nächsten sechs Offiziere ihre Schulung abgeschlossen. Das deutsche Kriegsministerium war beeindruckt und kaufte um 110.000 Mark Flugzeuge – der erste Schritt in Richtung einer deutschen Luftwaffe war getan. 1910 führte man ein Flugscheinsystem ein, das der deutsche Luftfahrtsverband und das Amt für zivile Piloten und den Transport von Heerestruppen verwalteten. Den ersten Flugschein erhielt am 1. Februar 1910 August Euler. Zur Auszeichnung von Militärpiloten und als offizielle Anerkennung ihrer Tapferkeit führte der Kaiser am 27. Januar 1913 das Abzeichen für Militärpiloten ein.

Als im August 1914 der Erste Weltkrieg ausbrach, ignorierte man die Wichtigkeit der Luftkriegsführung. Die Generalstäbe der beteiligten Staaten betrachteten sie als Mittel von zweifelhaftem Wert. Die Mitglieder der jungen Flugzeugwaffengattung sah man als „Abtrünnige", die dem „wirklichen" Kampf entgehen wollten. Sir Douglas Haig etwa, der spätere Kommandeur der British Expeditionary Force (britischen Expeditionskorps), sagte nur einen Monat vor Kriegsbeginn zu einer Versammlung von Militärs: „Ich hoffe, keiner der Herren ist so närrisch zu glauben, dass man Flugzeuge für eine nützliche Luftaufklärung benutzen kann. Ein Kommandeur kann nur auf eine Art Information durch Aufklärung erhalten: durch den Einsatz von Kavallerie."

## Erste vorsichtige Schritte

Das British Royal Flying Corps (RFC – Königlich-Britische Fliegerkorps) ging mit nur 197 Piloten in den Krieg. Zwei Wochen später erstellte Sefton Brancker als Generaldirektor für militärische Luftfahrt eine Liste all jener im Land, die fliegen konnten. Er fand heraus, dass bloß 862 Personen die Bescheinigung des Royal Aero Clubs besaßen. Von diesen waren nur 55 ausreichend geschult, um sofort in den aktiven Dienst zu treten. Trotzdem hielt man dies nicht für einen Nachteil, da beide Seiten den Luftkampf missachteten (kein Flugzeug trug Kanonen). Man erwartete daher höchstens geringe Verluste. Ab Sommer 1915 wurden in Großbritannien 200 Piloten ausgebildet. Man nahm an, dass Wochenend-Hobbypiloten als nötige Ergänzung ausreichen würden. Das Kriegsministerium verfügte in seiner Weisheit, dass „Mitglieder des RFC mit eigenen Flugzeugen ermuntert werden sollten, diese zur Central Flying School (Zentralen Fliegerschule) zu bringen, wo sie ihre Ausbildung erhalten würden". Vor der Aufnahme ins RFC mussten die Kandidaten ein Zertifikat des Aero Clubs erwerben und 75 Pfund Gebühr zahlen. Die Aufnahmebedingungen des RFC waren verschroben: Man musste ein Pferd reiten oder ein Motorrad oder Boot fahren können. Konnten die Kandidaten Wollfäden verschiedener Farbe unterschieden, wurden sie für medizinisch tauglich erklärt.

Während des Kriegs sollten die „Ritter der Lüfte" der jungen Luftstreitkräfte ihren militärischen Wert beweisen, besonders nach Einführung synchro-

**Unten:** *Fallschirmjäger-Rekruten besteigen Mitte der 30er Jahre für einen Übungssprung einen Dornier-Do-23-Bomber. Die Do 23 war einer der ersten Bomber der neuen deutschen Luftwaffe. Bald entdeckte man seine zahlreichen Mängel, nicht zuletzt sein zu schwaches Triebwerk und zu geringe Manövrierfähigkeit. 1939 war die zweimotorige Maschine veraltet und wurde nur noch zur Ausbildung eingesetzt, etwa als Absprungplattform für die neuen Luftlandetruppen. Beachten Sie die Knieschützer der Springer. Sie waren aus lederbezogenem Schaumgummi und wurden durch zwei elastische Bänder gehalten, die sich hinter dem Knie kreuzten und vorne an Knöpfen befestigt waren.*

**Links:** *Das Fallschirmspringer-Abzeichen des Deutschen Heeres. Ehe er mit Luftwaffeneinheiten verschmolzen wurde, zeichnete der Fallschirmverband des Heeres seine Männer mit dem hier gezeigten Fallschirmspringer-Tauglichkeitsabzeichen aus. Es wurde im Juni 1937 eingeführt und bis zum Januar 1939 verliehen. Es bestand aus einem Goldkranz aus Eichenlaub mit dem Wehrmachtsadler mit Hakenkreuz in der oberen Mitte und einem Adler mit angelegten Schwingen und leeren Klauen im Sturzflug nach links. Das Abzeichen wurde nach sechs Absprüngen innerhalb eines Jahres verliehen. Nach ihrer Aufnahme in die Fallschirmjägereinheiten der Luftwaffe durften die früheren Fallschirmspringer des Heeres auch weiterhin das Heeresabzeichen an ihrer Luftwaffenuniform tragen.*

**Rechts:** *Das Segelflugzeugführer-Abzeichen, das am 16. Dezember 1940 eingeführt wurde. Es bestand aus einem Eichenlaub-Kranz aus acht Bündeln zu drei Blättern auf jeder Seite, wobei die Blattränder den Innen- und Außenrand des Kranzes bildeten. Sie vereinigten sich oben und unten; an der Basis befand sich ein Hakenkreuz. Auf dem Kranz war ein nach rechts gleitender Adler angebracht. Mit Fortschreiten des Kriegs verschlechterte sich die Qualität des Abzeichens, nicht so sehr die Prägung der Einzelteile, sondern die Art, in der der Adler befestigt war, und das verwendete Metall. Das Abzeichen wurde für eine abgeschlossene Segelflugzeugführerausbildung verliehen und mit einer Seglerlizenz ausgegeben. Es wurde an oder unterhalb der linken Brusttasche der Fliegermontur getragen.*

**Oben:** *Eine Fallschirmjägereinheit „irgendwo in Deutschland" auf Parade. Von Beginn an schenkte man der Bekleidung große Aufmerksamkeit. Diese Fallschirmjäger etwa tragen als Teil ihrer Paradeuniform Fallschirmschützen-Handschuhe aus schwarzem Leder. Sie hatten lange Stulpen und waren auf dem Handrücken elastisch, damit sie das Handgelenk und den unteren Unterarm gut stützten. Im Winter waren sie mit Pelz gefüttert, im Sommer nicht.*

nisierter Maschinengewehre, mit denen sie durch die Propeller feuern konnten. Luftkämpfe wurden üblich. Am Boden konnte ein getroffener Infanterist unter tausenden anderer Männer in einem ohrenbetäubenden Wirbel unbemerkt fallen. Nach einem direkten Treffer durch eine Artilleriegranate blieben bloß einige blutige Fleischklumpen übrig. Doch am Himmel schien der sterbende Flieger in seiner Hülle aus Segeltuch und Holz seinen Tod durch den langsamen Fall, oft brennend, auszudehnen – ein Anblick, den Piloten nie mehr vergaßen. Dies verschlimmerte sich später im Krieg für die britischen Piloten dadurch, dass die Gegner stets durch einen Absprung bessere Überlebenschancen hatten. Sie benutzten Fallschirme britischer Bauart, die nur durch eine am Flugzeugrumpf befestigte Reißleine modifiziert waren, die im Notfall den Fallschirm öffnete. Viele deutsche Piloten, auch die Asse Udet (einmal abgesprungen) und Jacobs (zweimal) überlebten so. Doch weder das RFC noch die spätere Royal Air Force (RAF) benutzten Fallschirme (dass diese so schwer wie ein Maschinengewehr waren, mag dazu beigetragen haben).

## Frühe Fallschirm-Experimente

In England gab es erst 1935 unter Aufsicht des Luftfahrtministeriums ernsthafte Fallschirmtests, obwohl es schon 1913 die Vorführung eines Absprungs aus einem Luftschiff gegeben hatte. Zusätzlich zeigte 1917 ein nicht genehmigter Sprung Major Orde-Lees von der Brustwehr der Tower Bridge in London, dass Fallschirme sich aus einer Höhe von nur 46,6 m öffnen können.

Fallschirme konnten Leben retten, aber auch in einer mehr offensiven Weise eingesetzt werden. Um den Stillstand an der Westfront aufzubrechen, schlug Brigadier-General Billy Mitchell, 1918 der Kommandeur des US Air

Corps in Frankreich, vor, man sollte Fallschirmbataillone aufstellen und hinter den deutschen Linien bei Metz absetzen. Das alliierte Oberkommando kam zum Schluss, die Planung, Organisierung und Ausrüstung solch einzigartiger Operationen würde mindestens sechs Monate dauern. Außerdem gab es zu wenige Flugzeuge, um die Fallschirmbataillone in einem einzigen Flug zu transportieren, und das Problem, die nötigen Fallschirme rasch aufzutreiben. Die Idee wurde deshalb aufgegeben und die Einstellung der Feindseligkeiten im November 1918 brachte das Ende des Krieges.

## Deutsches Flugwesen nach dem Ersten Weltkrieg

Bis 1918 hatten sich Wesen und Führung des Krieges verändert (bis zum Waffenstillstand waren aus den ursprünglichen 197 britischen Piloten 26.000 geworden), auch wenn manche Teile der Militärhierarchie dies nicht wahrhaben wollten. Haig etwa änderte seine Meinung über den militärischen Wert von Flugzeugen nicht. In seinem persönlichen Abschlussbericht gab es diesbezüglich nur zwei Sätze: „Flugzeuge und Tanks waren zwar sehr wertvoll, doch ihre wahre Aufgabe ist, die Infanterie, Artillerie und Kavallerie zu unterstützen.“ Er meinte, dass „die Kampfkraft des Flugzeugs im Vergleich mit den drei Grundwaffengattungen sehr begrenzt ist“. Trotzdem erkannten die Architekten des Vertrags von Versailles im Juni 1919 das Potenzial von Militärflugzeugen und

**Unten:** *Der ehemalige deutsche Schwergewichtsmeister Max Schmeling (zweiter von links) war ein Freiwilliger der Fallschirmjäger und kämpfte auf Kreta. Hier ist er dabei, für einen Winter-Übungsabsprung vor dem Zweiten Weltkrieg an Bord einer Junkers Ju 52 zu gehen. Die Männer halten die Verbindungsleine ihres Fallschirms in der linken Hand. Zum Einsteigen ins Flugzeug brauchte man beide Hände. Daher nahmen die Männer dabei meist die Steuerleine in den Mund. Alle Fallschirmjäger lernten, ihre Schirme selbst zu packen. So war jeder für seine eigene Sicherheit verantwortlich.*

**Oben:** *Hermann Göring, der übergewichtige, extravagante Chef der deutschen Luftwaffe, der den Aufbau der Luftlandeverbände Nazi-Deutschlands förderte, nachdem er in den 30er Jahren Vorführungen von Fallschirmspringern der Roten Armee gesehen hatte. Zwar war es Kurt Student, der die Luftlandetruppen zu einer Elite machte, doch Göring schuf das Umfeld, in dem Student wirksam arbeiten konnte. Zunächst organisierte er Deutschlands Luftwaffe, bildet sie aus und baute sie aus. Sodann fasste er alle Luftlandeeinheiten des Reichs in der deutschen Luftwaffe zusammen.*

verlangten die Auflösung der deutschen Luftwaffe. Ihre Flugzeuge wurden konfisziert oder zerstört. Weiters wurde die Produktion von Flugzeugen und Motoren für sie in Deutschland verboten. Doch diese Maßnahmen konnten die Entwicklung des Militärflugwesens in Deutschland nicht verhindern.

Nach dem Krieg entstanden überall in Deutschland Sportvereine, die an der Luftfahrt interessierte Deutsche das Fliegen lehrten. Zusätzlich verhandelte die Reichswehr (die vom Versailler Vertrag zugestandene 100.000-Mann-Armee), die in der militärischen Entwicklung zurückzufallen fürchtete, zu Beginn 1923 heimlich mit der Roten Armee über Ausbildungsanlagen. Im April 1925 schloss man schließlich einen Vertrag, durch den der Flugplatz von Lipezk in Russland für deutsche Militärausbildung zugänglich wurde. 1926 begann neben der Jagdfliegerausbildung, die es dort schon gab, die Ausbildung von Luftspähern. Zusätzlich wurde eine Spezialeinheit zum Testen neuer Flugzeuge, Waffen und Ausrüstung aufgenommen.

## Hitler verstärkt die Fliegertruppe

Zwischen 1925 und 1933 kehrten etwa 120 Offiziere als voll ausgebildete Jagdpiloten aus dieser Fliegerschule in Russland zurück. Die Heimkehrer dieser Periode hielten ihr Können aufrecht, indem sie als Zivilpiloten für die im

**Oben:** *Die Junkers Ju 52 war das Rückgrat des Transports der Fallschirmjäger. Hier sieht man sie in ihrer zivilen Rolle (als Passagierflugzeug). Nazi-Deutschland baute 4845 Stück der robusten und zuverlässigen „Tante Ju" oder „Eisernen Anni". Sie dienten in vielen Funktionen: als Haftminen-Zerstörer, Schlepper von Seglern, Truppentransporter, Frachter und zur Evakuierung von Opfern. Die Ju 52 konnte bis zu 16 Fallschirmjäger mit voller Ausrüstung bei einer Geschwindigkeit von 305 km/h 1300 km weit transportieren.*

Aufbau befindliche Lufthansa flogen. Diese Fluggesellschaft beschäftigte auch die besten Piloten des Ersten Weltkriegs. So flogen die beiden Gruppen von Piloten gemeinsam und lernten voneinander.

Adolf Hitler, der Führer der Nationalsozialistischen Deutschen Arbeiterpartei (NSDAP), wurde im Januar 1933 deutscher Kanzler. Innerhalb weniger Monate hatte er die absolute Macht in Deutschland errungen. Rücksichtslos begann er, Deutschland in eine Militärmaschine umzuformen, um seine expansionistische Politik zu unterstützen. Im selben Jahr schuf er den Deutschen Luftsport-Verband (DLV), der das Interesse am Flugwesen anregen sollte. Der Verband bot seinen Mitgliedern, von denen die meisten zuvor bei den Streitkräften gewesen waren, das aktive, disziplinierte Leben, das sie suchten. Am 10. November 1933 bewilligte Hitler dem DLV seine eigenen Uniformen mit Rangabzeichen. Unter der Leitung der Organisation lernten die Mitglieder drei aeronautische Hauptfähigkeiten: Ballonfahren, Segeln und Fallschirmspringen. 1933 gab Hitler auch die Schule von Lipezk auf und vertraute damit dem DLV die Aufgabe an, neues Personal für seine geheime Luftwaffe auszubilden.

## Die Luftwaffe lässt ihre Muskeln spielen

Die Nazi-Partei festigte ihre Stellung in Deutschland immer mehr und Hitler wurde auf der internationalen Bühne immer selbstsicherer. Am 2. Februar 1935 gab er die Bildung der neuen Luftwaffe offiziell bekannt. Mit der bisherigen Geheimnistuerei war es vorbei. Der DLV wurde aufgelöst und man forderte seine früheren Mitglieder auf, dem neuen Nationalsozialistischen Fliegerkorps (NSFK), das nun an seine Stelle trat, beizutreten. Auf diese Art fasste die Nazi-Partei alle Fliegerklubs des Landes in einer im Wesentlichen paramilitärischen Organisation zusammen. Das NSFK konnte so Seite an Seite mit der neuen Luftwaffe operieren. Beide konnten wachsen und an Stärke gewinnen.

Im April 1935 wurde das erste deutsche Jagdgeschwader unter dem Kommando Major Ritter von Greims gebildet. Es trug den Namen „Jagdgeschwader Richthofen 2". Die Jagdflugzeuge gaben am 7. März 1936 bei der Besetzung des Rheinlands (das nach dem Vertrag von Versailles eine entmilitarisierte Zone war) ihre erste Vorstellung. In der Deutschen Verkehrsfliegerschule bei Schleißheim wurde die erste Jägerschule der Luftwaffe eingerichtet. Damit war die Struktur von Luftwaffe und NSFK vervollständigt. Aufgrund geschickter Propaganda und Täuschung schien es, als habe Hitler eine technisch so fortgeschrittene Streitmacht wie die Luftwaffe praktisch aus dem Nichts geschaffen. Dieses Meisterstück trug tendenziell dazu bei, Hitlers Nimbus in der internationalen Diplomatie zu vergrößern. Und die deutsche Luftwaffe verstärkte ihren Ruf als „Terrorapparat" durch ihre Beteiligung am Spanischen Bürgerkrieg (1936–1939), wo sie durch Einsätze wie die Bombardierung Guernicas im April 1937 Schrecken verbreitete.

**Unten:** *Fallschirmjäger, fotografiert vor ihrem Einstieg in eine Ju 52. In den Anfangsphasen der Luftlandetruppen gab es einen Mangel an diesen dreimotorigen Maschinen. Die Rekruten mussten daher aus verschiedenen Flugzeugtypen, darunter der Dormier Do 23, Heinkel He 111 und Savoia-Marchetti SM. 81, abspringen. Letztere war ein italienischer dreimotriger Bomber, der äußerlich der Ju 52 ähnelte. Beachten Sie die Fallschirmgurtwerke, Lederhandschuhe und Knieschützer.*

Wie schon erwähnt kam die Idee, einen großen Truppenkörper auf feindlichem Gebiet zu platzieren, erstmals im Ersten Weltkrieg auf. In der Zwischenkriegszeit begann Deutschland erst spät mit dem Aufbau von Luftlandetruppen, doch weit früher als England, die USA und Japan. Das Potenzial von Luftlandetruppen wurde erstmals, vielleicht überraschend, in Italien und der neu entstandenen Sowjetunion erkannt. Der erste wirksame Fallschirm mit Verbindungsleine wurde in den 20er Jahren in Italien entwickelt. Dabei wurden die Schirme im Inneren des Flugzeugs befestigt und öffneten sich automatisch, wenn der Springer die Maschine verließ. Solche Fallschirme waren für den massierten Einsatz von Fallschirmjägern entscheidend. Das Öffnen mit einzelnen Reißleinen hätte Absprünge aus größerer Höhe erfordert und zu mehr Opfern und größerer Zerstreuung geführt. Auch wäre die Ausbildung schwieriger gewesen. Die Sowjetunion zeigte in den frühen 30er Jahren das militärische Potenzial von Luftlandetruppen. Ihre Methoden waren allerdings rau. Die Männer mussten ihr langsames ANT-6-Flugzeug durch ein Loch in der Rumpfoberseite verlassen, sich dann vorsichtig entlang der Flügel bewegen,

**Unten:** *Eine weitere Darbietung der Stärke der Fallschirmjäger vor dem Zweiten Weltkrieg. Obwohl die Sowjets als Erste die Idee des Absetzens großer Truppenzahlen hinter den feindlichen Linien entwickelt hatten, war es in den späten 30er Jahren die deutsche Luftwaffe, die das militärische Fallschirmspringen perfektionierte und eine gewaltige Luftlandestreitmacht schuf. Von Beginn an waren alle Fallschirmjäger Freiwillige, was eine hohe Moral und Motivation mit sich brachte. Diese Männer tragen das Gewehr 98 (7,92 mm), die Standardwaffe des Deutschen Heeres.*

**Oben:** *An diesem Foto von Fallschirmjägern ist das Hoheitsabzeichen mit geraden Flügeln an der rechten Brust des salutierenden Offiziers, der den Zug anführt, interessant. Es kennzeichnet ihn als ehemaliges Mitglied des Fallschirm-Infanteriebataillons des Heeres, das am 1. Januar 1939 in die Luftwaffe aufgenommen wurde und zum 2. Bataillon des 1. Fallschirmjägerregiments wurde.*

**Links:** *Diese Fallschirmjäger tragen das zweite Modell der Fallschirmjäger-Bluse (auch als Knochensack bezeichnet) aus grün melierter, winddichter Baumwolle. Sie ließ sich vorn vom Hals bis zum Schritt öffnen und besaß einen schweren verdeckten Messing-Reißverschluss. Frühere Modell hatten Knöpfe. Die Beinenden konnten durch einen Druckknopf enger gestellt werden.*

ehe sie gemeinsam sprangen und sofort die Reißleine zogen. Dies war gefährlich, führte aber zu einer engen Gruppierung in der Absprungzone, besonders da das Flugzeug bei der Operation bloß 96 km/h fliegen durfte! Überraschung war so kaum möglich und die Maschine selbst war durch Bodenfeuer, auch durch kleine Waffen, verwundbar.

Die deutschen Militärplaner schätzten auch die Flexibilität im Angriff durch Luftlandetruppen und richteten ihre Gedanken auf das, was „zu Hause" erreicht werden konnte. Sie dachten vielleicht an das, was der Generalleutnant der sowjetischen Luftwaffe Michail Schtscherbakow bei einer Besichtigung der Maginot-Linie an der deutsch-französischen Grenze zum französischen Marschall Petain gesagt hatte: „Befestigungen wie diese könnten künftig überflüssig sein, falls Ihr potenzieller Gegner sie mit Fallschirmen überspringt." Hermann Göring, Chef der Luftwaffe, war einer der deutschen Beobachter der russischen Manöver 1935 und 1936 und sah den Zielabsprung eines Regiments von 1000 Mann, gefolgt von der Landung von Transportflugzeugen mit der Verstärkung weiterer 2500 voll bewaffneter Mann mit schwerer Ausrüstung. Diese beiden Arten von Luftlandesoldaten hatten hierauf, gedeckt durch Maschinengewehre, Mörser und leichter Artillerie, herkömmliche Infanterieangriffe ausgeführt.

**Oben:** *Das Fallschirmschützen-Abzeichen der deutschen Luftwaffe. Es wurde im November 1936 eingeführt und bestand aus einem goldenen Adler, der in seinen Klauen ein Hakenkreuz hielt und von einem Kranz umgeben war, welcher links aus Lorbeer-, rechts aus Eichenblättern bestand. Wie sein Gegenstück beim Heer wurde es als Leistungsabzeichen für sechs erfolgreiche Fallschirmabsprünge verliehen.*

## Absprünge und Luftlandungen

Alle eingeladenen Beobachter waren beeindruckt. Ein sehr erfahrener, im Ersten Weltkrieg hochdekorierter Soldat der britischen Armee, Major-General Archibald Wavell, schrieb zu Ende jener Übungen: „Hätte ich es nicht selbst gesehen, so würde ich nicht glauben, dass so etwas möglich ist." Doch äußerte er auch Zweifel am taktischen Wert des Gezeigten: Wie konnten sich leicht bewaffnete, spärlich versorgte Fallschirmjäger gegen Kräfte, die sie zurückschlagen sollten, besonders Panzer, halten? Die Rote Armee hatte jedenfalls gezeigt, dass künftige Auseinandersetzungen eine neue Dimension haben würden. Es ist einleuchtend, dass ein Staat seine Bodentruppen in Kriegszeiten gegen erkennbare Bedrohungen – entlang der Grenzen, Küstenlinien usw. – einsetzen und sein Kernland relativ leicht beschützt lassen wird. Nun gab es Mittel, das verwundbare Hinterland eines Gegeners anzugreifen: Zur Breite und Tiefe kam nun die Höhe (das Konzept der „vertikalen Umfassung").

Hier muss man zwischen zwei Hauptarten von Luftlandesoldaten unterscheiden. Fallschirmjäger sind für den Absprung aus dem Flugzeug ausgebildet, während Luftlande-Infanterietruppen in die Absprungzone geflogen werden und das Flugzeug am Boden verlassen. Kurz vor dem Zweiten Weltkrieg etwa besaß die deutsche Luftwaffe die 7. Fliegerdivision, die vor allem aus Fallschirmjägern bestand, während das Heer die 22. Infanteriedivision hatte, die zum Einsatz mit Flugzeugen ausgebildet und ausgerüstet war. Als „Luftlandedivision" vorgesehen, waren ihre Männer keine ausgebildeten Fallschirmspringer, sondern geübt im raschen Verlassen von Flugzeugen auf dem Boden.

## Blitzkrieg und Luftlandetruppen

In den späten 30er Jahren wurden die deutschen Streitkräfte für das taktische und strategische Konzept des *Blitzkriegs* ausgebildet und ausgerüstet. Diese Theorie des Angriffs beruhte darauf, dass es einfacher und billiger ist, die gegnerischen Kräfte zu zerstören, indem man sie vom Nachschub abschneidet oder ihre rückwärtigen Versorgungs- und Befehlslinien kappt, als durch frontale Angriffe. Dazu gehörten die Elemente Schnelligkeit und Schock.

Am Boden sollten gepanzerte Angriffsspitzen mit Unterstützung durch Artillerie und Sturzkampfbomber durch die Punkte des geringsten Widerstands stoßen, sich aufteilen, feindliche Stützpunkte umgehen und nach allen Seiten Straßen- und Eisenbahnverbindungen kappen, um feindliche Versorgungseinheiten lahm zu legen. Nachfolgende Verbände würden gegnerische Verteidiger gefangen nehmen oder einkreisen, während die Angriffsspitzen weiter vordrangen und zu den Städten stürmten. Groß angelegte Angriffe zu Beginn des Feldzugs auf die gegnerische Luftwaffe und die Flugplätze sollten während des Blitzkriegs die totale deutsche Luftbeherrschung sichern. In diese Strategie passte der Einsatz von Luftlandetruppen, um Schlüsselpunkte vor den Panzern zu besetzen. Sie sollten die Punkte halten, bis die Bodentruppen eintrafen. Die deutschen Luftlandetruppen bewiesen im Krieg auch, dass sie Inseln einnehmen und sie unabhängig von Bodentruppen halten konnten. Solche Einsätze erforderten natürlich spezielle Ausbildung, Ausrüstung und Mannschaften.

**Unten:** *Kurt Student (rechts) wurde 1890 geboren. Im Ersten Weltkrieg war er Pilot. Danach entwickelte er ein besonderes Interesse am Fallschirmspringen. Als Inspekteur von Fliegerschulen hatte er mit der Schule für Fallschirmspringer in Stendal zu tun. Am 1. Juli 1938 erhielt Generalmajor Student das Kommando über die Luftlandetruppen der Luftwaffe. Mit Major Gerhard Bassenge, dem Kommandanten der Stendaler Schule, war er für den Aufbau der 7. Fliegerdivision verantwortlich. Er verband eine genaue Ausbildung mit einfallsreicher Taktik und guter Ausrüstung und machte die Division so zu einem Eliteverband. Kurt Student starb am 1. Juli 1978 in Lemgo in Deutschland.*

**Oben:** *Eine Abteilung auf Parade. Beachten Sie die Patronengurte mit Druckknöpfen für 100 Schuss Gewehrmunition und die Halfter mit Sauer-7,65-mm-Modell-38(H)-Pistolen.*

# ORGANISATION UND AUSBILDUNG

*In den 30er Jahren wuchs die Fallschirmjägertruppe eher planlos, doch der Ehrgeiz Hermann Görings, des Chefs der Luftwaffe, sollte sich auf den Luftlandeteil der Truppen sehr günstig auswirken. So besaß Deutschland beim Ausbruch des Zweiten Weltkriegs eine voll entwickelte Luftlandedivision.*

Die Entwicklung der deutschen Luftlandekräfte vor dem Zweiten Weltkrieg verlief willkürlich, doch bei Kriegsausbruch im September 1939 besaß die Luftwaffe eine hoch motivierte und gut ausgebildete, wenn auch unterbesetzte Luftlandedivision.

Weniger als einen Monat nach Hitlers Machtergreifung im Januar 1933 befahl Hermann Göring, damals preußischer Innenminister, die Bildung einer Spezialpolizeieinheit, die „in völliger Hingabe an den Führer fähig und willens ist, jeden Funken von Widerstand auszulöschen, ehe dieser für die junge nationalsozialistische Bewegung zur Bedrohung werden kann". Am 23. Februar 1933 wurde Polizeimajor Wecke von der preußischen Polizeitruppe mit der Bildung dieser Einheit beauftragt (in den frühen 30er Jahren wurden Polizeibataillone zu Schutz und Unterstützung von Nazi-Führern auf deren Touren organisiert). Zwei Tage darauf berichtete Major Wecke, seine Abteilung für besondere Aufgaben, bestehend aus 14 Offizieren und 400 Mannschaften, sei ein-

**Links:** *Ein Unteroffizier zeigt die Absprungposition aus einer Ju 52. Die Verbindungsleinen an der Luke weisen auf bereits gesprungene Männer hin.*

gerichtet. Am 17 Juli wurde die Abteilung offiziell in *Landespolizeigruppe Wecke z. b. V.* umbenannt. Sie war die erste Landespolizeigruppe in Deutschland. Am 13. September 1933 erhielt sie von Göring eine besondere Landespolizei-Standarte. Er bemerkte: „Es ist mein Ziel, die preußische Polizeitruppe in eine scharfe Waffe, gleichwertig der Reichswehr, umzuformen, die ich an den Führer übergeben kann, wenn für uns der Tag kommt, unsere äußeren Feinde zu bekämpfen.“ Am 22. Dezember wurde die Einheit nochmals umbenannt – sie wurde zur *Landespolizei General Göring*. Am 6. Juni 1933 erhielt Oberstleutnant Friedrich Jakoby, Görings Ministerialadjutant, den Befehl über die Einheit.

## Die Geburt der Fallschirmjäger

Das Personal der *Landespolizei General Göring* diente anfangs in Polizeifunktion, doch im März/April 1935 organisierte Göring die Gruppe um. Sie sollte zum ersten Luftlanderegiment werden. Am 1. Oktober desselben Jahres wurde dieses in die neue deutsche Luftwaffe übernommen. Die Ausbildung begann in Altengrabow. Das Banner der Landespolizeigruppe wurde als offizielle Regimentsfahne beibehalten, und am unteren rechten Ärmel der Uniform wurde das neue Ärmelband *General Göring* eingeführt.

Hitler führte am 16. März 1935 die allgemeine Wehrpflicht ein und am 1. April bekam die *Landespolizei General Göring* die mehr militärische Bezeichnung *Regiment General Göring*. Im September erhielt der Regimentskommandeur, Oberstleutnant Jakoby, folgenden Befehl Görings (datiert mit 23. September): „Das Regiment General Göring [RGG] wird am 1. Oktober 1935 in die Luftwaffe eingegliedert werden. Aus Freiwilligen des Regiments ist ein Fallschirm-Schützenbataillon als Kader für die künftige deutsche Fallschirmtruppe zu bilden.“

**Unten** *Ein Fallschirmjäger-General mit Ritterkreuz schreitet in der Kriegszeit eine Ehrenkompanie ab. Neben dem Ritterkreuz am Hals trägt er an der rechten Brusttasche das Deutsche Kreuz in Gold. Seine Fußbekleidung besteht aus Reitstiefeln, seine langen Stoffhosen zeigen breite weiße Streifen und Paspeln. Das Foto ist nicht später als Ende 1943 aufgenommen, da in jenem Jahr die Anweisung erging, dass höhere Luftwaffenoffiziere nicht länger doppelte Stoffstreifen an den Hosen tragen sollten.*

**Links:** *Heeresrekruten machen sich mit dem Fallschirmgurtzeug vertraut. Es gab zwei Arten von Gurtwerk, die sich leicht unterschieden. Bei der ersten kreuzten sich die Schultergurte zwischen den Schulterblättern. Der Packsack war an D-Ösen genau über dem Keuzungspunkt befestigt. Die gefalteten Verbindungsleinen waren vertikal am Packsack verstaut. Bei der zweiten, späteren, besaß das Gurtzeug ein Schultergeschirr aus Tuch, das die Schultergurte enthielt. Die Verbindungsleinen waren horizontal am Packsack verstaut.*

Das *Regiment General Göring* wurde als Eliteeinheit angesehen. Man ließ es überall in Deutschland als Vorbild für andere militärische Organisationen paradieren. Nach Vorführung eines Fallschirmsprunges, bei dem sich der Springer verletzte und auf einer Bahre fortgetragen werden musste, meldeten sich genügend Offiziere und Männer (600) freiwillig zur Fallschirmausbildung. Die Verschmelzung dieser Freiwilligen ins *Regiment General Göring* bildete den Kern des ersten deutschen Luftlandebataillons und im Januar 1936 wurden das 1. Jägerbataillon/RGG unter Kommando Major Bruno Bräuers und die 15. Pionierkompanie/RGG zur Fallschirmspringer-Ausbildung ins Gebiet von Döberitz verlegt. Der Rest des Regiments kam nach Altengrabow.

Der offizielle Beginn der deutschen Fallschirmtruppengattung kam mit einem auf Geheiß Görings am 29. Januar 1936 vom Generalinspekteur der

**Unten:** *Beim Besteigen des Flugzeugs. Beachten Sie die drei stilisierten Flügel am rechten Arm des Feldwebels. Die Anweisungen bezüglich des Tragens dieser neuen Art von Rangabzeichen wurden im Dezember 1935 ausgegeben. Beachten Sie auch die deutschen Nationalfarben Schwarz, Weiß, Rot in Schildform diagonal auf den Helmen. Frühe Versionen davon waren mit mattierter blaugrauer Rostschutzfarbe untermalt. Auf der linken Seite des Helms befand sich das silbergraue Hoheitszeichen der Luftwaffe und das Hakenkreuz.*

**Oben:** *Die letzten Augenblicke vor dem Absprung. Die Fallschirmspringer-Ausbildung war extrem gründlich und streng. Während des Fallens etwa war Pfeifen oder Singen verboten. Nachdem er seine Reißleine an der Ankerleine im Flugzeug befestigt hatte, stieß sich der Springer an den Handläufen mit einer schnellen Bewegung aus dem Flugzeug. Sobald sich der Schirm öffnete, hatte der an zwei Riemen des Gurtzeugs hängende Springer fast keine Kontrolle über seine Bewegung, während er zu Boden sank.*

**Links:** *Der Sprung. Zum Unglück für die Fallschirmjäger trafen bei den Fallschirmen der RZ-Serie die Tragleinen an einem einzigen Punkt oben hinter den Schultern zusammen. Die Schirmkappe mit den Tragleinen war durch eine V-förmige Riemenschlinge am Gurtzeug befestigt, die diesen Punkt mit den D-Klammern auf der Rückseite des Koppels verband. So musste der Springer das Flugzeug in gespreizter Vogelstellung verlassen. Fiel er in aufrechter Stellung, so wurde er herumgedreht und seine Füße verhedderten sich in den Fangleinen. Die normale Absprunghöhe betrug etwa 121 Meter.*

**Oben:** *Grinsende Unteroffiziere stürmen bei einer Ausbildungsübung von ihrem DFS-230-Sturmsegler fort. Zwar entwickelten die Sowjets als erste einen Militär-Sturmsegler, doch der DFS wurde als erster im Kampf eingesetzt. Er wurde für einen Überfall aus der Luft entworfen, bei dem die Truppen ihre Waffen nicht in Containern verstauen mussten.*

**Rechts:** *Aufnahme beim Training des Angriffs auf eine feindliche Befestigung. Während ein Feldwebel mit seiner MP-40-Maschinenpistole Feuerschutz gibt, klettert ein Unteroffizier über die Betonstellung mit Stacheldraht. Für den Angriff auf die belgische Festung Eben Emael gab es ein intensives Training bei Hildesheim, wo Attrappen der Festung in Orginalgröße errichtet wurden.*

**Oben:** *Nach der Landung mussten die Männer ihre Waffen und Munition aus Containern, die getrennt abgeworfen wurden, einsammeln. Die einzelnen Fallschirmjäger sprangen mit einer Gasmaske, einer Handfeuerwaffe, vier Granaten, Patronentaschen, zwei Verpflegungsbeuteln und zwei Feldflaschen ab. Oben sieht man ein Zwei-Mann-Team mit einem für Dauerfeuer auf einem Dreifuß montierten MG-34-Maschinengewehr. In der ersten Phase einer Luftlandeoperation sorgten die Maschinengewehre für Defensivfeuer um die Absprungzone herum.*

Luftwaffe, Erhard Milch, unterzeichneten Tagesbefehl. Dieser forderte die Rekrutierung Freiwilliger für die Ausbildung in der Stendal-Fallschirmspringer-Ausbildungsschule, 96 km westlich Berlins. Die Schule war wenige Monate nach der Gründung von Fallschirmeinheiten der Luftwaffe im Januar 1936 eröffnet worden. Sowohl aktives als auch Reservepersonal der Luftwaffe durfte sie besuchen. Am 5. November 1936 wurde das Luftwaffen-Fallschirmschützenabzeichen eingeführt. Es wurde an alle Offiziere, Unteroffiziere und Mannschaftsgrade der Luftwaffe vergeben, die erfolgreich sechs Absprünge und andere Tests absolviert hatten. Man trug es als Qualifikationsabzeichen als militärischer Fallschirmspringer der Luftwaffe an der linken Brustseite. Um sich das Abzeichen zu erhalten, musste man sich jedes Jahr neu qualifizieren. Ein Befehl vom 2. Mai 1944 dehnte die Verleihung des Abzeichens auf Sanitäts-, Verwaltungs- und juristisches Personal aus, das einen einzigen Absprung im Kampf durchgeführt hatte. Als die Luftwaffe die Fallschirmeinheiten des Heeres übernahm, durften qualifizierte Springer, die das Heeresspringerabzeichen besaßen, dieses auch weiterhin tragen. Dem 500., 501. und 502. SS-Fallschirmbataillon zugeteilte Mitglieder der Waffen-SS erhielten nach Qualifikation das Luftwaffen-Fallschirmschützenabzeichen.

Mitte der 30er Jahre waren Göring und die Luftwaffe nicht die einzigen am Potenzial von Luftlandetruppen Interessierten. Das Oberkommando des

**Links:** *Die Maschinenpistole MP 38/40 ging 1938 in Produktion. Die Luftwaffe erhielt schließlich 195.000 Stück dieser Waffe. Ihre kompakte Größe, die den Einsatz im Nahkampf erleichterte, machte sie bei den Fallschirmjägern beliebt und bei Kriegsbeginn verfügte jeder vierte Mann bei den Fallschirmjägereinheiten über eine MP 38 (die MP 40 ging im April 1940 in Dienst). Trotzdem nahm die Anzahl, wie dieses Foto zeigt, mit Fortschreiten des Kriegs noch zu.*

Heeres (OKH) erkannte rasch die Bedeutung von Fallschirmverbänden für den Blitzkrieg (vgl. Kapitel Eins) und bildete 1936 seine eigene schwere Fallschirm-Infanteriekompanie unter dem Kommando Major Richard Heidrichs, eines früheren Ausbilders in Taktik an der Potsdamer Kriegsschule. Die Kompanie zeichnete sich bei den militärischen Manövern der Wehrmacht im Herbst 1937 in Mecklenburg aus, wurde der Star der Vorführung und sorgte für Schwung bei der Konsolidierung des deutschen Fallschirmtruppenteils. Im Frühling 1938 wurde sie zum zweiten Fallschirmjägerbataillon vergrößert und neu strukturiert. Dieses wurde wie ein Unterstützungsbataillon mit schweren Maschinengewehren und Mörsern ausgerüstet. Der Oberbefehlshaber des

**Unten:** *Fallschirmjäger im dritten Modell der Springerbluse, das 1941 eingeführt wurde. Sie war aus geschecktem Tarnmaterial gefertigt und hatte keine Beinansätze mehr, sondern unten nur noch Druckknöpfe. Die Bluse besaß zwei schräge Taschenöffnungen an jeder Brustseite und zwei horizontale vorne unter der Taille. Alle Taschen waren durch Klappen verdeckt. Die Bluse verfügte am rechten Gesäß über einen integrierten Halfter für eine Leuchtpistole.*

**Oben:** *Ein Fallschirmjäger mit einer schweren Kabelrolle auf dem Rücken legt eine Fernmeldeverbindung. Die erste Fallschirm-Luftnachrichtenabteilung wurde 1940 als Teil der 7. Fliegerdivision gebildet. Mit Fortschreiten des Krieges hatte jede Fallschirmjägerdivision ihre Fernmeldeabteilung. Jede umfasste insgesamt 379 Mann und enthielt eine Funkerkompanie, eine Telefonkompanie und eine Lichtmeldekompanie. Die 1. Fallschirmjägerarmee besaß ein ganzes Fernmelderegiment, das am 30. November 1943 gebildet wurde. Es wurde von Major Kurt Haumann und später von Oberst Erich Leube befehligt.*

Heeres, Generaloberst Werner von Fritsch, führte am 1. September 1937 das Heeresspringerabzeichen ein. Es wurde an alle Mitglieder des Fallschirm-Infanteriebataillons des Heeres verliehen, die einen Fallschirmspringer-Ausbildungskurs abschlossen, der sechs Absprünge einschloss. Danach mussten die Männer ihr Können durch mindestens sechs Sprünge pro Jahr aufrechterhalten. Doch der Versuch des Heeres, eine eigene Fallschirmtruppe zu halten, wurde von Göring durchkreuzt, der alle Fallschirmspringer der Wehrmacht unter die Herrschaft der Luftwaffe brachte (die Heereseinheit wurde zum 2. Bataillon, 1. Fallschirmjägerregiment). Als das Bataillon am 1. Januar 1939 zur Luftwaffe kam, wurde das Abzeichen nicht mehr verliehen, doch frühere Empfänger durften es anstelle des Luftwaffe-Abzeichens tragen. Die Verleihung des Heeresspringerabzeichens wurde am 1. Juni 1943 wieder aufgenommen, wobei das einzige Personal mit Springerstatus die 15. leichte Kompanie (Fallschirmjägerkompanie) der Division Brandenburg war. Diese Kompanie wurde später auf Bataillonsgröße aufgestockt.

## Funktionen am Boden

Unabhängig vom dauernden Schachern zwischen Heer und Luftwaffe über die Zuständigkeit waren die Meinungen über die Funktion der Fallschirmjäger geteilt. Die Luftwaffe vertraute zu jener Zeit auf den Einsatz der Männer als Saboteure in kleinen Einheiten hinter den feindlichen Linien, um die gegnerische Kommunikation zu stören. Beim Heer wollte man sie in voller Stärke, fast wie herkömmliche Infanterie, einsetzen. Zuletzt wurden beide Ideen getestet und es spricht für die Fallschirmjäger, dass sie beide Rollen ausüben konnten.

Der nächste Schritt in der Entwicklung der Fallschirmtruppe der Luftwaffe war im Juli 1938 die Trennung des Bataillons Bräuers vom Regiment *Hermann Göring*. Das Fallschirmjägerbataillon des *Hermann-Göring*-Regiments wurde von seiner ursprünglichen Einheit abgespaltet und zum neuen 1. Bataillon, 1. Fallschirmjägerregiment der Luftwaffe. Es sollte der Kern der neuen 7. Fliegerdivision unter Generalmajor Kurt Student werden, dem die Majore Gerhard Bassenge und Heinz Trettner zur Seite standen. Der General war für diese Ernennung besonders geeignet. Er hatte im Ersten Weltkrieg sowohl als Infanterist und später auch als Jagdpilot und Staffelführer gedient. Nach dem Krieg war er vor dem Aufstieg Hitlers an die Macht einer jener Stabsoffiziere gewesen, die eng am Aufbau der geheimen Luftwaffe Deutschlands beteiligt waren. Anders als bei vielen seiner Zeitgenossen vertraute die Nazi-Hierarchie Student und gleichzeitig war er bei den Männern unter seinem Kommando beliebt. Obwohl er von der Luftwaffe ernannt wurde, war er für das Heer akzeptabel, da er von der Doktrin der Luftwaffe, Fallschirmtruppen als Saboteure in „Pfennigpaketen" einzusetzen, abwich. Er war ein unermüdlicher Offizier mit großem Organisationstalent, dessen Idee, Luftlandetruppen in strategischer Funktion einzusetzen, zu jener Zeit revolutionär waren.

In den folgenden Jahren entwickelte sich das Regiment *General Göring*, das nun aus einem Infanteriebataillon, einer Kradkompanie, einer Pionierkompanie und einer leichten Flakeinheit bestand, zur mächtigen Fallschirm-Panzerdivision *Hermann Göring*. Wie schon erwähnt wurde das Heeresbataillon als Teil der 7. Fliegerdivision Students zum 2. Bataillon, 1. Fallschirmjägerregiment.

Zwar erforderte die deutsche Besetzung des Sudetenlands im Herbst 1938 keinen Einsatz militärischer Gewalt, doch nahm Students neue „Division" an dem Manöver teil. Göring war vom Ergebnis so beeindruckt, dass man die Einwände des Heeres überging. Heidrichs 2. Bataillon wurde in die Luftwaffe

**Unten:** *Der Fallschirmjäger mit dem MG 34 ist ein Obergefreiter, wie der doppelte Winkel als Rangabzeichen an seinem oberen linken Ärmel zwischen Ellbogen und Schulter zeigt. Anfangs besaß jede deutsche Fallschirmjägerdivision ein Maschinengewehrbataillon, bestehend aus drei Kompanien, doch gab man dies später im Krieg auf. Das 1. Fallschirmjäger-Maschinengewehrbataillon wurde im Januar 1944 zu einer Korpstruppe beim I. Fallschirmjägerkorps, das 2. Fallschirm-Maschinengewehrbataillon im Mai 1944 zu einer Korpstruppe beim II. Fallschirmjägerkorps.*

**Oben:** *Fallschirmjäger mit einer 37-mm-Pak-35/36-Panzerabwehrkanone. Das Foto wurde 1944 aufgenommen, als die Fallschirmjägerdivisionen als Bodentruppen kämpften. Zwei Änderungen bei der Uniform zeigen diese Rolle. Erstens haben genagelte Infanterie-Marschstiefel die Fallschirmjäger-Springerstiefel mit ihren Gummi-Profilsohlen und Absätzen (obwohl auch vorn geschnürte Springerstiefel genagelt waren) ersetzt. Zweitens tragen sie metallene Gasmaskenbehälter statt der der Fallschirmjäger aus Leinwand (die Verletzungen beim Absprung vermeiden sollten).*

**Links:** *Die rückstoßfreie LG-40-Kanone wurde für Luftlandetruppen entwickelt. Sie besaß eine Reichweite von 6,5 km und konnte die meisten damaligen Panzer ausschalten, doch ihre Druckwelle nach hinten verriet ihre Position. Sie wurde erstmals auf Kreta eingesetzt. Später erhöhte man ihr Kaliber von 75 mm auf 105 mm. Die LG 40 wurde dann durch die LG 42, ebenfalls mit 105 mm, ersetzt. 1944 stoppte man den Bau rückstoßfreier Waffen.*

**Rechts:** *Training des Ausschaltens feindlicher Tanks unter Benutzung eines erbeuteten französischen Char S-35. Panzer hielt man für die Hauptbedrohung für die leicht bewaffneten Luftlandetruppen, sobald diese gelandet waren. Deshalb wandte man viel Zeit und Mühe für die Erfindung von Taktiken und Waffen gegen sie auf.*

**Oben:** *Eine weitere Fotografie von derselben Trainingsübung wie oben auf dieser Seite. 1939 wurde die erste Fallschirmjägereinheit zur Panzerbekämpfung gebildet: die 7. Pak-Kompanie der 7. Fliegerdivision. 1940 wurde sie in Fallschirm-Panzerjäger-Abteilung umbenannt und im Mai 1943 wurde sie zur Fallschirm-Panzerjägerabteilung der 1. Fallschirmjägerdivision. Im Januar 1945 wurde auch noch eine Anzahl von Fallschirm-Panzerjagdbataillonen gebildet, doch sahen sie vor dem Ende des Krieges nur noch wenige Kämpfe.*

aufgenommen. Zur gleichen Zeit, im Januar 1939, gab es die Anweisung, ein zweites Regiment aufzustellen, und Heidrich wurde zum Kommandeur dieser Einheit befördert. Beide Regimenter sollten bis zum Norwegenfeldzug im Frühling des kommenden Jahres einsatzfähig sein. Sie wurden nach Infanterierichtlinien organisiert. Jedes Regiment hatte drei Bataillone (das 2. Fallschirmjägerregiment hatte 1940 nur zwei) und diese umfassten vier Kompanien.

Zwar befanden sich Deutschlands Luftlandetruppen nun unter Herrschaft der Luftwaffe, doch die Auffassungsunterschiede über ihren Einsatz dauerten zwischen Heer und Luftwaffe fort. Das Heer sah ihre Rolle ähnlich der von General Mitchell im Ersten Weltkrieg vorgeschlagenen: die Landung eines großen Truppenkörpers hinter feindlichen Linien, um im Rücken des Gegners herkömmliche Infanterieangriffe auszuführen. Deshalb wurde die 22. Infanteriedivision für Luftlandeoperation ausgebildet. Die Luftwaffe ihrerseits befürwortete weiterhin kommandoartige Einheiten, die wichtige Ziele angreifen und zerstören sollten. Bei der darauf basierenden Ausbildung betonte sie die Fertigkeiten von Pionieren, besonders die zur Sprengung.

**Oben:** *Ein gestelltes Foto, das den Angriff auf einen Bunker mit Handfeuerwaffen zeigt. Beide Soldaten tragen die Fliegerbluse der Luftwaffe. Die vier Schwingen und Litzen am Kragenspiegel des der Kamera näheren Fallschirmjägers kennzeichnen ihn als Oberfeldwebel. Beide Männer sind kampferfahren, wie das Band des Eisernen Kreuzes zweiter Klasse an ihren Blusen zeigt.*

## Die Debatte geht weiter

Als die beiden Fallschirmtruppenteile verschmolzen, unterbreitete jeder seine eigene Einschätzung der Luftlandetechniken und Ausrüstung dem Oberkommando der Wehrmacht (OKW). Dieses erwog die Argumente und erließ dann 1938 eine Anweisung, die nichts dazu beitrug, die Meinungsverschiedenheiten beizulegen. Die Direktive betonte zwei Arten von Luftlandeeinsätzen. Erstens gab es strategische Luftlandeeinsätze, die in Verbindung mit dem Heer durchgeführt werden sollten: „Umfang und Ausführung eines Luftlandeunternehmens hängen von der militärischen Lage und der Absicht hinter der Operation ab. Zusätzlich zu den aus der Luft gelandeten Truppen sind weitere Luftwaffeneinheiten, Jäger und Jagdbomber einzusetzen. Diese Art von Einsatz muss eng mit Heeresoperationen verbunden werden. Die Luftwaffe ist für Vorbereitung und Ausführung des Kampfplanes und die Versorgung durch Abwürfe verantwortlich. Das Heer übernimmt den Befehl über die Luftlandeverbände erst, sobald der Kontalkt zwischen diesen und den Bodentruppen hergestellt ist." Zweitens, Luftlandeoperationen innerhalb des Rahmens eines Luftwaffen-Einsatzes: „In diesem Zusammenhang sind an von der Luftwaffe bestimmten Zielen gelandete Sabotage- oder Zerstörungseinheiten beteiligt, da die völlige Zerstörung oder ernste Beschädigung durch Luftbambardement nicht möglich war."

Während die unterschiedlichen Auffassungen diskutiert wurden, gingen die Erweiterung der Luftlandetruppe und die Verschmelzung ihrer Einheiten weiter, bis die ungleichartigen Gruppen in einen einzelnen großen Verband geformt werden mussten. Am 1. Juli 1938 gab das Oberkommando der Luftwaffe (OKL) Befehl, dass die Fallschirm-, Segler- und Lufttransporteinheiten unter seinem Kommando in der 7. Fliegerdivision verbunden werden sollten. Hauptquartier des neuen Verbandes wurde Tempelhof in Berlin, Student wurde zum Befehlshaber ernannt.

## Lufttransport

Trotz Students Elan und obwohl der Aufbau der deutschen Luftlandetruppe so rasch wie möglich vorangetrieben wurde, besaßen beim Ausbruch des Zweiten Weltkriegs weder die 7. Fliegerdivision noch die 22. Division volle Stärke. Die Rollen der beiden Verbände waren folgende: Die 22. Division war ein herkömmlicher Heeres-Infanterieverband, dessen Regimenter in Junkers 52 ans Ziel gebracht werden würden. Das Lufttransportgeschwader für Spezialeinsätze der 7. Fliegerdivision besaß genug Flugzeuge, um in einer einzigen Luftbrücke 5000 Mann zu befördern. Die Maschinen sollten dabei Einheiten der 22. hinter feindlichen Linien, die von Fallschirmjägern und/oder Seglereinhei-

**Unten**: *Vorbereitung von Mörsergrananten für einen Granatwerfer 34, genauer gesagt ist es wahrscheinlich ein kurzer 80-mm-Granatwerfer-42 (kz 80mm GrW 42), der für die Fallschirmjäger und andere Spezialtruppen entwickelt wurde. Dieser war eine kurzläufige Version des GrW 34. Er war leichter und gedrungener, was seine Reichweite auf 1100 m verringerte. Ab 1944 hatten die 1., 2., 3., 4., 5., 6., 7., 9. und 20. Fallschirmjägerdivisionen ihre eigenen Fallschirm-Granatwerferbataillone. Jedes bestand aus drei Kompanien, deren jede mit dem größeren 120-mm-Mörser ausgerüstet war (der deutsche 120-mm-GrW-42 war eine Kopie des sowjetischen 120 PM-38 – bis März 1945 wurden davon 8461 Stück produziert).*

ten genommen worden waren, landen. Hierauf würden die Männer der 22. Division als herkömmliche Infanterie operieren. Die Fallschirmeinheiten der 7. Fliegerdivision würden abspringen oder mit Seglern herangebracht werden.

Die Ausbildung der Fallschirmjäger war wirksam und hart, wobei Hitlers „10 Gebote für den Fallschirmjäger" betont wurden, deren erstes lautete: „Ihr seid die auserwählten Kämpfer der Wehrmacht. Ihr werdet den Kampf suchen und euch im Ertragen aller Härten üben. Der Kampf soll eure Erfüllung sein." Ein Gebot war typisch für Hitler: „Gegen einen offenen Feind kämpft ritterlich, doch gegen Partisanen übt keine Nachsicht." Vor und im Krieg waren alle Rekruten Freiwillige, sodass sie die mühsame Ausbildung gut ertrugen und ihre Moral dabei gut blieb. Sie mussten relativ leicht (85 kg) sein und durften nicht an Schwindel oder Luftkrankheit leiden. Die Rekruten durften sich nicht vor der Höhe fürchten, was bei einem Probesprung aus 15,2 Meter ins Wasser getestet wurde. Als nächstes wurden sie für Probeflüge an Bord eines Flugzeugs genommen, damit sie ein „Gefühl für die Luft" bekamen und um festzustellen, ob sie an Luftkrankheit litten. Während des ganzen Einleitungsprozesses achteten die Ausbilder bei den Rekruten auf Mut, Initiative und Intelligenz.

**Oben:** *Ein Fallschirmjäger-MG-34-Trupp bei einer Übung (beachten Sie die Stoffbänder an den graugrünen Helmüberzügen). Die Metallboxen mit Gurten mit 7,92-mm-Munition für die Waffe wurden in Behältern abgeworfen und mussten in der Abwurfzone gefunden werden. Das MG 34 wog 11,42 kg und hatte eine Feuerrate von 900 Schuss pro Minute. Auf einem Dreifuß montiert besaß es eine Reichweite von 3500 Meter.*

## Fallschirmjäger-Ausbildung

Der Ausbildungskurs selbst dauerte acht Wochen, die in vier Wochen Boden- und vier Wochen Luftlandeausbildung aufgeteilt waren. In der letzteren Phase musste jeder Rekrut sechs Absprünge ausführen, nach denen er das Fallschirmspringerqualifikationsabzeichen erhielt (in dieser ersten Zeit war der Fallschirmjäger für gewöhnlich nur mit einer Pistole und Handgranaten bewaff-

**Rechts:** *Während einer Feldübung unter Beobachtung (beachten Sie die Beobachter in der rechten oberen Ecke des Fotos). Heinrich Hermsen, ein Fallschirmjäger-Freiwilliger, beschrieb die Ausbildung an der Waffe: „Am 20. Juli 1942 meldete ich mich in Stendal und zwei Tage darauf wurde ich mit meinen Kameraden an einen Ort nahe Tangerhütte gesschickt. Nach der Ausbildung am K 98, der P 38 und dem MG 34 wurden die Fallschirmjäger-Ersatztruppe und das Schulungsregiment Anfang Oktober 1942 in Russland stationiert."*

net; andere Waffen wurden in Behältern geführt, die gleichzeitig mit den Soldaten abgeworfen wurden). Während der Kriegsjahre wurde die Ausbildung in der Fertigkeit des Fallschirmspringens den Regiments-Ausbildungsschulen übertragen, wo die Männer in den Techniken des Springens unterwiesen wurden und sich qualifizieren konnten. Allerdings wurden mit Fortschreiten des Kriegs Treibstoff und Flugzeuge knapper, und die Qualifizierung wurde schwieriger (es gab auch wenig Zeit für die Ausbildung, da die Nachfrage nach Männern wuchs). Generalmajor Heinz Trettner etwa, der Kommandeur der 4. Fallschirmjägerdivision, besuchte keine Fallschirmschule und besaß daher auch nicht das Fallschirmschützenabzeichen.

**Unten:** *An diesem Foto ist der Reservelauf für das MG 34, den der Fallschirmjäger im Vordergrund in einem Behälter am Rücken trägt, interessant. Im Kampf musste der Lauf des MG 34 oft ausgetauscht werden – meist nach etwa 250 Salven. Die Waffe besaß eine Mündungsgeschwindigkeit von 755 m/sec.*

**Oben:** *Hitler posiert mit den Empfängern des Ritterkreuzes für die Operation von Eben Emael. Zur Rechten des „Führers" steht Walter Koch, zur Rechten Kochs Rudolf Witzig.*

# BEWÄHRUNG

*Die Blitzkrieg-Feldzüge in Europa 1939/1940 sollten beweisen, dass die Fallschirmjäger eine wichtige Rolle in den Plänen des Deutschen Heeres spielten. In Polen standen Students Männer nur begrenzt im Kampf, doch in Skaninavien sollten sie ihren Wert zeigen und bei Hitlers Siegen über die Briten und Franzosen im Mai 1940 kam ihnen eine Schlüsselstellung zu, als sie Hollands und Belgiens Verteidigungslinien aufbrachen.*

**Links:** *Glücklich über den Sieg macht Hauptmann Walter Koch zu Ende des Westfeldzugs Bestandsaufnahme. Koch führte das Fallschirmjägerkommando, das Anfang Mai 1940 die Festung Eben Emael und Schlüsselbrücken über den Albertkanal einnahm.*

Ende August 1939 war die 7. Fliegerdivision bei weitem nicht komplett. Zwar hatte der Verband Jägerbataillone und Divisionstruppen erhalten, doch erst nach dem Beginn des Westfeldzugs 1940 sollte er seine volle Stärke erreichen.

Am 1. September 1939 begann der deutsche Blitzkrieg gegen Polen. Am zweiten Tag war die polnische Luftwaffe bereits am Boden zerstört und die deutschen Panzer strömten nach Osten. Die Kombination von Überraschung, Schnelligkeit und Terrortaktik vernichtete die polnischen Streikräfte von 3 Millionen Mann unter dem Verlust von 10.000 deutschen Gefallenen. Am 27. September kapitulierte Warschau und am 6. Oktober stellten die letzten polnischen Truppen den Kampf ein. Die Fallschirmjäger wurden zwar mit einer Reihe von Luftlandeeinsätzen beauftragt, aber die Schnelligkeit des deutschen Vormarsches machte solche Operationen überflüssig. Doch waren das 2. und 3. Bataillon des 1. Fallschirmjägerregiments zwischen 14. und 24. September

**Rechts:** *Deutsche Fallschirmjäger sinken im April 1940 beim Angriff auf Norwegen zu Boden. Folgende Fallschirmjägereinheiten waren am Norwegenfeldzug beteiligt: Stab und 1. Bataillon, 1. Fallschirmjägerregiment (Hauptmann Walther); 1. Kompanie, 1. Fallschirmjägerregiment (Oberleutnant Schmidt); 2. Kompanie, 1. Fallschirmjägerregiment (Hauptmann Gröschke); 3. Kompanie, 1. Fallschirmjägerregiment (Oberleutnant von Brandis); 2. Bataillon, 2. Fallschirmjägerregiment (Hauptmann Pietzonka).*

**Unten:** *Fallschirmjäger springen über Norwegen aus einer Ju 52 ab. Die deutsche Luftwaffe setzte für den dänischen und norwegischen Feldzug über 100 Bomber und Jäger ein, um sich die Luftbeherrschung zu sichern. Ein Teil des Geschwaders 76, acht Messerschmidt BF 110, wurden der Unterstützung der Fallschirmtruppen in Norwegen zugeteilt. Beim Angriff auf den Fornebu-Flugplatz auf einer kleinen Halbinsel westlich Oslos mussten die Paras ihren Absprung wegen schlechter Sicht abbrechen, doch die BF 110 landeten wegen Treibstoffmangels und setzten ihre MGs gegen die Verteidiger ein, während die Luftlandetruppen eintrafen.*

in einige kleine, aber harte Bodenkämpfe verwickelt. Auch Truppen des 2. Fallschirmjägerregiments kämpften bei Deblin und dem Dukla-Pass in Polen. Nach der polnischen Kapitulation wurden die Fallschirmtruppen wieder in Deutschland stationiert.

Als Nächstes richtete Hitler seine Aufmerksamkeit auf Norwegen und Dänemark. Deutschlands Eisenerz kam auf zwei Routen: über die Ostsee und von Narvik in Nordnorwegen die Küste hinunter. Die von der britischen Royal Navy errichtete Seeblockade bedrohte letztere Route. Eine deutsche Beherrschung Norwegens würde Landstützpunkte nicht nur für Luftangriffe auf die Blockade, sondern auch auf die Britischen Inseln selbst bringen. Die Invasion in Dänemark und Norwegen wurde ziemlich riskant und unverfroren durchgeführt. Im Februar 1940 etwa landete ein deutsches Flugzeug auf dem Flugplatz von Fornebu in Norwegen. Etwa 30 Passagiere stiegen aus und begannen Fotos, Skizzen und Notizen zu machen. Das geschah am Höhepunkt des so ge-

nannten *Altmark*-Zwischenfalls (bei dem britische Kriegsschiffe die norwegische Neutralität verletzten und ein deutsches Schiff mit britischen Gefangenen kaperten) und blieb fast unbemerkt. Doch die gesammelten Informationen waren später nützlich.

Die Invasion der beiden Länder begann am 9. April 1940. Widerstand sollte durch starke Anfangsschläge überwunden und Flugplätze und Häfen sollten rasch genommen werden, damit die Alliierten nicht helfen konnten. Der Feldzug war durch ausgezeichnete Kooperation von Heer, Marine und Luftwaffe gekennzeichnet, verstieß aber gegen das Prinzip der Konzentration und ermöglichte es, die deutschen Kräfte einzeln zu besiegen (doch nur, wenn die Alliierten rasch reagierten). Dänemark und Norwegen mussten gleichzeitig angegriffen werden, da die Benutzung der dänischen Luftbasen und die Beherrschung der Küstengewässer die Besetzung Norwegens erleichtern würde.

## Erste Fallschirmjäger-Absprünge

Die ersten Luftlandeoperationen des Kriegs wurden von Männern des 1. Bataillons, 1. Fallschirmjägerregiment, unter Befehl Major Erich Walthers durchgeführt. Die Ziele in Dänemark wurden mühelos genommen: Die 4. Kompanie unter Hauptmann Walther Gericke abzüglich eines Zugs sprang zur Einnahme der Vordingborg-Brücke, die Kopenhagen mit seinem Fähren-Anlegeplatz verband, ab. Der restliche Zug sprang über zwei Flugplätzen in Ålborg ab und sicherte sie ohne Kampf. Am folgenden Tag kapitulierte Dänemark. Weniger glatt für die Fallschirmjäger verliefen jedoch die Dinge in Norwegen.

Die 2. Kompanie sollte den Fornebu-Flugplatz bei Oslo nehmen und halten, bis Truppen der 163. Infanteriedivision gelandet waren. Die 3. Kompanie unter Oberleutnant von Brandis erhielt Befehl, den Sola-Flugplatz bei Stavanger zu sichern. Bei Fornebu lag über dem Ziel dichter Nebel und die Fallschirmjäger mussten den Absprung abbrechen. Als die Transportflugzeuge mit den Luftlandeeinheiten das Flugfeld erreichten, hatte sich der Nebel zu klären begonnen und sie konnten landen. Unter schwere Verlusten nahmen sie das Objekt. Bei Sola konnten die Paras über dem Flugfeld abspringen. Unterstützt

**Oben:** *Fallschirmjäger landen im Mai 1940 außerhalb Narviks. Die 1., 2., 3. und 4. Kompanie des 1. Fallschirmjägerregiments sprangen gemeinsam mit 200 Mann des 137. Regiments der 3. Gebirgsdivision, die einen Crash-Kurs in der Fallschirmspringerschule in Wittstock absolviert hatten, über der Stadt ab. Unter den Gebirgstruppen war Eugen Meindl, der am 28. November 1940 zur Luftwaffe wechselte und das Kriegsende als Kommandeur des II. Fallschirmjägerkorps erlebte.*

**Links:** *Major Fritz Prager, der am 1. Januar 1939 befehlshabender Offizier des 2. Bataillons, 1. Fallschirmjägerregiment, wurde. Sein Verband kämpfte in Polen. Er nahm den Flugplatz von Wola Gulowska ein. Am 30. April 1940 hatte Prager eine Leistenoperation, sprang aber trotzdem mit seinen Männern über Holland ab. Seine Einheit nahm die Moerdijk-Brücke. Dabei wurde er schwer verwundet. Sie hielten die Brücke bis zum Eintreffne der 9. Panzerdivision. Prager erhielt dafür am 24. Mai 1940 das Ritterkreuz. Trotz seiner Verwundung nahm er dann an der Operation zur Entsetzung deutscher Truppen bei Narvik teil. Am 19. Juni 1940 wurde er zum Major befördert, und am 1. Juli übernahm er den Befehl über das 2. Bataillon, 3. Fallschirmjägerregiment. Er starb am 3. Dezember 1940.*

von Stukas sicherten sie gegen Widerstand den Flugplatz. 20 Minuten nach der Luftlandung war die Landebahn für die Ju 52 mit Infanterie bereit. Die verlustreichste Fallschirmjäger-Operation des Norwegenfeldzugs betraf die 1. Kompanie unter Oberleutnant Herbert Schmidt, die 144 km nördlich Oslos abgesetzt wurde. Die Männer landeten inmitten starker norwegischer Verteidigungsstellungen. Viele fielen, auch Schmidt selbst. Umzingelt und bei schrecklichem Wetter kämpfend, mussten die Fallschirmjäger nach vier Tagen kapitulieren, als ihnen die Munition ausging.

Trotz dieser Schlappe war der Norwegenfeldzug ein fantastischer Erfolg. Bis zum 5. Mai eroberten die Deutschen unter dem Oberbefehl General Nikolaus von Falkenhorsts ganz Südnorwegen. Zwar waren französische und britische Truppen bei Namsos, Andalsnes und Narvik gelandet, doch wegen des deutschen Angriffs auf Frankreich und die Beneluxstaaten, der am 10. Mai

1940 begann, konnten sich der Alliierten den Einsatz in Norwegen nicht länger leisten. Die letzte Fallschirmjäger-Operation in Norwegen unternahm ein Bataillon des 1. Fallschirmjägerregiments, das zur Verstärkung der dort belagerten Truppen General Dietls über Narvik absprang. Einige Tage darauf wurde das 137. Regiment der 3. Gebirgsdivision nach einem Crash-Ausbildungskurs im Springen bei Narvik abgesetzt. Dabei gab es etliche Verletzungen und eine weite Verstreuung am Boden, doch die meisten Männer verbanden sich mit den deutschen Kräften in Narvik. Dietl zog sich Ende Mai aus Narvik zurück, doch vom 7. bis 9. Juni zogen die Alliierten ihre Truppen aus der Stadt ab und bis zum 9. Juni war Norwegen von jedem organisierten alliierten Widerstand gesäubert. Die Deutschen hatten einen Staat mit 3 Millionen Einwohnern in einem zweimonatigen Feldzug erobert. Dieser hatte auch die Wichtigkeit kleiner Fallschirmjägerkommandos bei der Einnahme von Flugplätzen als Vorspiel der Landung großer Truppenzahlen gezeigt.

Der größte Erfolg der deutschen Fallschirmtruppe war wohl der Westfeldzug im Mai 1940. Obwohl sie nur eine Division – die 7. Fliegerdivision – ausmachten, hatten die Luftlandetruppen am Sieg Deutschlands großen Anteil. Tatsächlich waren Hitlers Armeen denen seiner Gegner zahlenmäßig unterle-

**Links:** *Gedenktafel für die Männer des 2. Bataillons, 1. Fallschirmjägerregiment, für ihren Einsatz im Moerdijk-Sektor im Mai 1940. Dass die Fallschirmjäger die Brücke hielten, war unbedingt nötig, wie Student nach dem Krieg meinte: „Unsere geringe Stärke zwang uns, uns auf zwei Ziele zu konzentrieren – die für den Erfolg der Invasion vermutlich wichtigsten Punkte. Die Hauptanstrengung unter meiner Leitung richtete sich gegen die Brücken Rotterdams, Dordrechts und Moerdijks, über die die Hauptroute aus dem Süden über die Rheinmündungen führte. Wir mussten die Brücken nehmen, ehe die Holländer sie sprengen konnten, und sie offen halten."*

gen und er besaß weniger und nicht so starke Tanks wie diese. Bloß in der Luft waren seine Kräfte überlegen. Doch der Feldzug sollte durch einen Bruchteil seiner Einheiten – 10 Panzer-, eine Fallschirmjäger- und eine Luftlandedivision – von den 130, die der Wehrmacht für den Feldzug zur Verfügung standen, entschieden werden. Ein entscheidender Teil des deutschen Angriffs war ein Sturm gegen die Schlüsselpunkte der Verteidigungsstellungen in Holland und Belgien, der die Aufmerksamkeit der Alliierten vom Hauptstoß durch die Ardennen ablenken sollte. Um die Nebenbedrohung überzeugend zu machen und die Briten und Franzosen zur Unterstützung der Belgier zu verlocken, mussten die Deutschen die belgische und holländische Verteidigung überwinden. Dafür verfügte Student über nur 4500 ausgebildete Fallschirmjäger. 4000 davon wurden gegen Holland, der Rest gegen Belgien eingesetzt. Der Schlüssel zum Aufbrechen der Verteidigung in Belgien waren die Brücken über den Albertkanal und die Festung Eben Emael, die aus Stahl und Beton bestand und deren Artillerie das Gebiet beherrschte. Gegen Holland setzte Student den Großteil der 7. Fliegerdivision und die 22. Luftlandedivision General Sponecks ein. Die hol-

**Oben:** *Eine brennende Ju 52 über Holland. General Sponeck sollte bei Ypenburg landen, doch wegen schweren Luftabwehrfeuers flog er nach Ockenburg weiter. Die für den Absprung auf diesen beiden Flugplätzen eingeteilten Fallschirmjäger landeten zu weit südlich ihrer Ziele. Die Luftlandetruppen mussten daher als erste den Kampf gegen die Verteidiger aufnehmen. Wegen eines zerstörten Flugzeugs auf der Ockenburg-Landebahn mussten die nachfolgenden Truppen von ihren Zielen entfernt landen und dann zum Kampf gegen den Feind marschieren.*

**Links:** *Holländische Soldaten nördlich Rotterdams auf einer abgeschossenen Ju 52. Die Luftlandedivision hatte es in Holland schwer. Die Ju 52 mit den Truppen des 47. Infanterieregiments etwa landeten bei Valkenburg unter schwerem Feuer und die Flugzeuge versanken, wie man sieht, bis zu den Achsen im weichen Schlamm.*

**Oben:** *Eine bei Ypenburg abgeschossene Ju 52. Dort wurden 11 der 13 Junkers, die die erste Sturmtruppe des 65. Regiments führten, durch Luftabwehrfeuer heruntergeholt. Student setzte gegen Holland 4000 seiner Männer in vier Wellen ein. Erste Welle: Stab des 1. Fallschirmjägerregiments plus ein Meldekommando, abgesetzt im Tweede-Tol-Sektor. Zweite Welle: 1. Bataillon, 1. Fallschirmjägerregiment, zur Einnahme der Brücken von Dordrecht. Dritte Welle: 2. Bataillon, 1. Fallschirmjägerregiment, zur Einnahme der beiden Moerdijk-Brücken. Vierte Welle: 3. Bataillon, 1. Fallschirmjägerregiment, abgesetzt am Waalhaven-Flugplatz; 7. Sturmgeschützbatterie gelandet in Waalhaven, dann Moerdijk und Dordrecht; 7. Sanitätskompanie gelandet in Waalhaven und abgesprungen bei Rotterdam; 1. Bataillon, 2. Fallschirmjägerregiment, abgesetzt über den Flugplätzen Ypenburg, Ockenburg und Valkenburg; 3. Kompanie, 2. Fallschirmjägerregiment, abgesetzt über Den Haag; 2. Bataillon, 2. Fallschirmjägerregiment, abgesprungen über dem Flugplatz Valkenburg und Kampf bei Katwijk.*

ländische Verteidigung beruhte auf drei aufeinander folgenden Linien: einer leicht befestigten an der Grenze, der „Grebbe-Peel-Linie" aus natürlichen Barrieren und der „Festung Holland" (Rotterdam, Amsterdam, Utrecht und Den Haag), die Flussmündungen, Flüsse und überflutete Gebiete schützten.

Da es noch nie eine groß angelegte Luftlandeoperation gegeben hatte, mag Student versucht gewesen sein, das Risiko zu minimieren und seine Männer direkt zur Unterstützung des Bodenangriffs einzusetzen. Doch schlug er radikal vor, mit seinen Männern die „Festung Holland" zu knacken, so das Nervenzentrum der holländischen Regierung zu lähmen und dadurch den holländischen Kampfeswillen zu zerstören. Der Stabschef der Luftwaffe Jeschonnek war zwar dagegen, doch ein entzückter Hitler stimmte zu.

## Students Plan

Die Operation gegen Holland hatte zwei Teile. Zunächst sollte Sponecks Division auf den zuvor durch.Fallschirmangriffe genommenen Flugplätzen Valkenburgs, Ockenburgs und Ypenburgs landen. Sodann würden zwei Infanterieregimenter in Den Haag eindringen und die Regierung und die Königsfamilie festsetzen oder zumindest die holländischen Verteidigungspläne zerrütten. Als Zweites würde Students Division südlich Rotterdams abspringen, um die Übergänge über die Wasserläufe, die die Südflanke der „Festung Holland" schützten, zu nehmen. Als Reserve würde ein Infanterieregiment mit Flugzeugen nach Waalhaven gebracht werden.

Der Westfeldzug begann am 10 Mai. In Holland trafen die Fallschirmjäger bei ihren Landungen auf harten Widerstand der holländischen Armee. Doch Students Männer nahmen all ihre Ziele außer einem. Die in Waalhaven gelandete Einheit eroberte die Brücke intakt. Paras landeten im Rotterdamer Fußballstadion, drangen zur Meuse-Brücke vor und besetzten sie. Die Dordrecht- und Moerdijk-Brücken wurden intakt genommen und gegen harte Gegenwehr gehalten. Nach zwei Tagen erreichten die ersten Panzer der 18. Armee General Georg Küchlers die Moerdijk-Brücke – die „Festung Holland" war geknackt.

**Rechts:** *Angriff auf Eben Emael. Pioniere überqueren am Morgen des 11. Mai den Graben vor der Festung. Der Angriff wurde intensiv vorbereitet. Im November 1939 wurde das Sonderkommando* Koch *gebildet und während des Trainings für den Angriff von der Umwelt abgeschnitten.*

**Unten:** *Der Albertkanal gehörte zu Belgiens Verteidigungsanlagen. Bei Eben Emael füllte man mit seinem Wasser den Graben vor der Festung. Gegen diese Verteidigung umfasste Kochs Sturmgruppe: Gruppe Granit (Oberleutnant Witzig) – 85 Fallschirmjäger in 11 Seglern für Eben Emael, Gruppe Eisen (Leutnant Schächter) – 90 Fallschirmjäger in 10 Seglern für die Cannes-Brücke, Gruppe Beton (Oberleutnant Schacht ) – 122 Fallschirmjäger in 11 Seglern für die Vroenhovenbrücke und die Gruppe Stahl (Oberleutnant Altmann) – 92 Fallschirmjäger in 10 Seglern für die Veldvezelt-Brücke.*

**Links:** *Eine der ausgeschalteten Geschützstellungen Eben Emaels. Binnen 10 Minuten des Sturms hatten Witzigs mit Seglern gekommene Männer neun der Anlagen der Festung zerstört. Die Fallschirmjäger setzten zur Überwindung der Verteidiger Handfeuerwaffen, Sprengstoff und Flammenwerfer sowie eine Menge Mut ein.*

**Unten:** *Die Flammenwerfer der Fallschirmjäger in Aktion. Am Abend des 10. Mai hatten Witzigs Männer ihre Stellung gefestigt. Am nächsten Morgen um 7 Uhr verband sich die Vorausabteilung des 51. Pionierbataillons mit den Fallschirmjägern und die Verteidiger kapitulierten.*

**Oben:** *Nach dem Fall Eben Emaels fotografierte Fallschirmtruppen. Die Brücken von Vroenhoven und Veltvezelt wurden von den Fallschirmjägern unbeschädigt erobert und verteidigt, bis deutsche Infanterie sie am Nachmittag des 10. Mai entsetzte. Bei Cannes sprengten die Belgier die Brücke und die Fallschirmjäger wehrten den ganzen 10. Mai hindurch gegnerische Angriffe ab. Der Mann oben im Anzug ist ein Brandenburger, einer aus einer Reihe speziell ausgebildeter Soldaten, die Schlüsselpunkte vor dem deutschen Hauptangriff einnahmen.*

Von Sponecks 22. Division hatte es nördlich Rotterdams schwerer. Er hatte gerade genug Fallschirmspringer, um die drei Flugplätze einzunehmen und nur 15 Minuten zwischen dem Absetzen der Springer und der Ankunft der Junkers mit seiner Infanterie. Von Beginn an liefen die Dinge falsch. Die flache, kleinteilige Landschaft verwirrte die Piloten. Sie setzten die Fallschirmjäger weit von den Zielen entfernt ab. Als daher die Junkers bei Valkenburg niedergingen, empfing sie intensives Feuer. Die Flugzeuge blieben im weichen Sand stecken und konnten nicht bewegt werden. Die folgenden Wellen mussten daher kehrtmachen. Bei Ypenburg wurden 11 der 13 Junkers mit der ersten Sturmkompanie des 65. Regiments durch die Luftabwehr abgeschossen. Ähnlich ging es bei Ockenburg zu. Trotzdem wurden ausreichend Truppen gelandet, um die Moral der Holländer ungünstig zu beeinflussen. Sie kapitulierten am 14. Mai.

Für einen ungehinderten Einmarsch der vorstoßenden deutschen 6. Armee in Belgien mussten die Festung Eben Emael und die Brücken über den Albertkanal genommen werden. Student schrieb später: „Das Wagnis vom Albertkanal war Hitlers eigene Idee. Ich setzte 500 Mann unter Hauptmann Koch ein. Der Kommandeur der 6. Armee, General von Reichenau, und sein Stabschef, General Paulus, sahen in dem Unternehmen ein Abenteuer, dem sie nicht trauten.“ Ein Fallschirmangriff gegen Eben Emael schied wegen des begrenzten Raums und der Gefahr, dass manche Männer die Zielzone verfehlen könnten, aus. Daher benutzte man Segler. Der Angriff auf die Festung und die Brücken wurde unter strengster Geheimhaltung geplant und trainiert.

Die Aufgabe erhielt Hauptmann Walter Koch, der aus Männern seines 1. Bataillons, 1. Fallschirmjägerregiment, und Rudolf Witzigs Pionierkompanie vom 2. Bataillon, 1. Fallschirmjägerregiment, ein Fallschirm-Sturmkommando bilden sollte. Die *Gruppe Granit* würde die Festung angreifen. Diese Einheit bestand aus zwei Offizieren mit 83 Mann, 11 davon Seglerpiloten. Am 10. Mai 1940 hoben ihre Ju 52 und 11 Segler um 4.30 Uhr von zwei Flugplätzen außerhalb Kölns ab. Die Segler wurden auf deutschem Gebiet abgekoppelt und glitten auf ihr Ziel zu. Neun von ihnen landeten um 5.20 Uhr auf Eben Emael. Die beiden anderen, darunter Witzigs, mussten kurz nach dem Abheben abbrechen und umkehren. Witzig erreichte das Ziel später mit einem neuen Schleppflug.

## Erfolg bei Eben Emael

Die Überraschung der Verteidiger war perfekt und verwandelte sich in Bestürzung , als die Fallschirmjäger die Geschützstellungen mit Haft-Hohlladungen aufzusprengen begannen. Diese durchdrangen den Beton, machten die Geschütze funktionsunfähig und neutralisierten die Garnison.

Inzwischen sicherten Absprünge die Brücken von Vroenhoven, Cannes und Veldvezelt, brachen so die belgische Verteidigungslinie und erlaubten Einheiten der 6. Armee den Übergang. Der Durchbruch nach Belgien war nicht der entscheidende Schlag des Westfeldzugs, hatte aber eine wichtige Wirkung: Er lenkte die Aufmerksamkeit der Alliierten in die falsche Richtung und zog ihre mobilsten Kräfte in das Gebiet, sodass diese nicht mehr gegen die größere Bedrohung, die sich dann im Süden entwickelte, eingesetzt werden konnten.

Für die Fallschirmjäger war der Feldzug eine Bestätigung ihrer Doktrin und Ausbildung. Dies traf besonders in Belgien zu, wo die Verteidiger die Brücken an der gesamten Invasionsfront sprengten, außer dort, wo Luftlandetruppen eingesetzt wurden. Doch gab es im Feldzug eine unglückliche Fußnote. General Student war mit seinem Stab am 14. Mai nach Rotterdam geflogen, wo er vor der holländischen Kapitulation am selben Tag Friedensverhandlungen führte. Während dieser wurde er von einer vorbeikommenden Einheit der *SS Leibstandarte Adolf Hitler*, die von der Kapitulation nichts wusste und wild auf alles und jedes feuernd durch die Stadt stürmte, schwer am Kopf verwundet. Und während die Holländer die Kapitulation unterschrieben, wurde Rotterdam wegen eines Zusamenbruchs der Kommunikation zwischen Bodentruppen und Luftwaffe bombardiert. Trotzdem war der Westfeldzug für Hitlers Fallschirmjäger ein beachtlicher Triumph.

**Unten:** *Hitler gratuliert seinen Fallschirmjägern nach dem Erfolg von Eben Emael. Rudolf Witzig, der für seinen Anteil am Angriff das Ritterkreuz erhielt, erklärte später die Gründe für den Sieg: „Obwohl natürlich kein Angriff erwartet wurde, ermöglichte unser Einsatz taktischer und technischer Überraschung die Zerstörung der entscheidenden oberirdischen Anlagen, Artillerie und Beobachtungsposten, und dies wiederum machte den Feind bezüglich der allgemeinen Lage unsicher." Er vermittelte auch eine vielsagende Einsicht in den psychologischen Zustand des Gegners: „Belgien war durch eine Neutralitätspolitik geschwächt worden und eine schlecht vorbereitete Armee kämpfte schlecht, weil sie schlecht geführt wurde. Ihr fehlte großteils der Wille zum Kampf."*

**Oben:** *Ju 52 setzen während der Eroberung Kretas Fallschirmjäger ab. Mit den Vierfachfallschirmen wurde schwere Ausrüstung wie Motorräder und Feldgeschütze abgeworfen.*

# INVASION AUF KRETA

*Die Eroberung Kretas lieferte den endgültigen Beweis für die Professionalität, Kühnheit und Zuverlässigkeit der Luftlandetruppen Deutschlands. Doch der Preis für den Sieg war hoch, und als der Kampf vorüber war, verbot ein geschockter „Führer" jedes weitere Luftlandeunternehmen großen Stils.*

**Links:** *Nach dem Ende der Kämpfe um Kreta besprechen Fallschirmjäger mit einem Soldaten der 5. Gebirgsdivision, die ebensfalls am „Unternehmen Merkur" teilnahm, die Schlacht. Das Edelweißabzeichen am Ärmel des Gebirgsjägers weist ihn als qualifizierten Bergsteiger aus.*

Nach dem erfolgreichen Abschluss des Westfeldzugs richete Hitler seine Aufmersamkeit nach Osten: die Invasion und Eroberung der Sowjetunion. Doch zuvor musste er seine Südflanke sichern. Ungarn und Rumänien waren Trabanten Deutschlands und durch schweren diplomatischen Druck konnte Hitler Jugoslawien in das Achsenbündnis bringen. Doch die Stationierung 57.000 britischer Soldaten in Griechenland ermutigte im Spätmärz 1941 einen anti-deutschen Staatsstreich in Jugoslawien und Hitler war daher zu einem Balkanfeldzug gezwungen. Dieser sollte für die Luftlandetruppe zum größten und berühmtesten Angriff werden. Doch zuvor würde sie eine kleinere Operation durchführen, die ein totaler Erfolg wurde.

Am 6. April 1941 drangen die Deutschen in Jugoslawien und Griechenland ein. Der Blitzkrieg begann sofort, alles vor ihm wegzufegen. In Griechenland stieß das deutsche Heer Mitte April in drei Kolonnen vor: eine von Larissa, eine durch Theben nach Elensia und Athen und die dritte von Larissa und Arta nach

**Links:** *Die Deutschen springen über dem Kanal von Korinth ab. Mit dem Einsatz wurden das 1. Bataillon (Hauptmann Kroh), 2. Fallschirmjägerregiment, 2. Bataillon (Hauptmann Pietzonka), 2. Fallschirmjägerregiment, die 13. und 14. Kompanie des 2. Fallschirmjägerregiments, ein Pionierkommando, die 7. Artilleriebatterie, die 1. Kompanie, 7. Fallschirmjäger-Sanitätsbataillon, und die 7. Luftlandekompanie (Segler) betraut. Der Abwurf wurde von zwei Staffeln Messerschmidt Bf 110 unterstützt, die die britischen Kräfte am Boden im Tiefflug angriffen. Als sich die Ju 52 dem Ziel näherten, empfing sie trotzdem schweres Luftabwehrfeuer von beiden Ufern des Kanals.*

Lepanto. Der griechische Widerstand war zusammengebrochen und die Briten unter General Maitland Wilson zogen sich durch den Isthmus von Korinth gegen den Peloponnes zurück. Der Isthmus wird von einem Kanal mit tiefen, steilen Seiten durchschnitten. Man entschied, den korinthischen Pass einzunehmen, um zur Unterstützung der querenden deutschen Bodentruppen einen Brückenkopf einzurichten und den Briten den Rückzug abzuschneiden.

Zwei Bataillone des 2. Fallschirmjägerregiments, verstärkt durch einen Fallschirm-Pionierzug, Artillerie und eine Fallschirm-Sanitätskompanie wurden mit dem Einsatz beauftragt. Am 25. April wurden mehr als 400 Ju 52 und

**Unten:** *Fallschirmjäger bekämpfen in Korinth alliierte Truppen. Zwar wurden bei der Operation über 2000 britische und griechische Soldaten gefangen genommen, doch geschah der Absprung zu spät, um die Fluchtroute der British Expeditionary Force zu blockieren.*

zahlreiche Segler vom Gebiet von Plowdiw in Bulgarien auf den Flugplatz von Larissa verlegt. Der Absprung war für den 26. April, 7 Uhr, geplant.

Die Maschien überflogen den Pinos und gingen über dem Golf von Korinth, über dem Nebel lag, der sie verhüllte, auf 45,7 m herunter. Die Piloten zogen dann auf 122 m hinauf, reduzierten die Geschwindigkeit und setzten ihre Fracht über den Zielen ab. Als erstes landeten die Segler, die auf beiden Seiten des Isthmus zu Boden gingen. Gleichzeitig sprangen die Fallschirmtruppen, landeten nördlich des Kanals, nahmen die Brücke und machten dabei eine große Zahl britischer Gefangener.

**Rechts:** *Einer der Maschinengewehrschützen Students 1941 in Griechenland. Die Fallschirmjäger zeigten im Feldzug ihre bekannte Kühnheit und auch nicht wenig Bluff. Der Kommandeur der 2. Kompanie des 2. Fallschirmjägerregiments, Leutnant Hans Teusen, etwa landete mit einem Segler und stürmte nach Korinth. Danach wurde er zur Verfolgung der sich zurückziehenden Briten nach Nauplia befohlen. Als er, zahlenmäßig weit unterlegen, auf die Briten traf, erklärte er deren Kommandeur glaubhaft, er sei die Vorhut einer ganzen Division. Seine Überzeugungskraft führte zur Kapitulation von über 1200 britischen Soldaten. Er selbst erhielt dafür das Ritterkreuz.*

Das Ziel, die Brücke intakt zu nehmen, war erreicht, doch dann sprengte eine verirrte Luftabwehrgranate die Sprengladungen am Bauwerk, nachdem deutsche Pioniere deren Zündschnur durchtrennt hatten. Die Brücke flog in die Luft. Etliche Fallschirmjäger wurden dabei getötet. Noch am selben Tag errichteten Pioniere eine Behelfsbrücke neben der zerstörten, sodass der Verkehr zwischen dem Festland und dem Peloponnes ungehindert fließen konnte. Bei einem früheren Absprung wäre eine große Zahl Männer der British Expeditionary Force (die ihre Evakuierung am 27. April abschloss) gefangen worden.

## Ziel: Kreta

Nach dem Fall Griechenlands richteten sich alle Blicke auf Kreta. Die Insel war für beide Seiten wichtig: Für die Briten, um ihre Seeüberlegenheit im östlichen Mittelmeer von der Basis Suda aus aufrechtzuerhalten, und für die Deutschen würde sie ein idealer vorgerückter Stützpunkt für offensive Luft- und Marineoperationen im Mittelmeerraum sein. Auch konnten von hier aus Bodenoffensiven der Achse in Ägypten unterstützt werden, und mit Kretas Verlust hätten die Alliierten potenzielle Basen für Luftangriffe auf die Ploesti-Ölfelder in Rumänien verloren.

General Student, Kommandeur des XI. Fliegerkorps, wollte für die Einnahme Kretas und Zyperns alle Luftlandekräfte Deutschlands einsetzen. Oberstleutnant Freiherr von der Heydte, der auf Kreta kämpfte, berichtete:

**Unten:** *Britische Truppen treffen nach ihrer Evakuierung aus Griechenland auf Kreta ein. Die meisten Soldaten hatten zwar ihre persönlichen Waffen gerettet, doch waren sie knapp an Zelten, Decken, Feldküchen und Mänteln (die Nächte waren sehr kalt). Die Verteidigungsanlagen der Insel ließen vor dem deutschen Angriff zu wünschen übrig. Die Garnison konnte keinem größeren Sturm standhalten, und Freybergs Flugzeuge waren zahlenmäßig hoffnungslos unterlegen. Er schickte diese daher am 19. Mai von der Insel fort. Trotzdem erlaubte man ihm nicht, die Landebahnen unbrauchbar zu machen, da man sie eventuell später zu benutzen hoffte. Sie wurden auch benutzt – von den Deutschen!*

**Oben:** *Suda am Morgen des 20. Mai 1941 unter dem Angriff der Stukas. Jagdflugzeuge und Bomber gingen den Fallschirmjägern voran, Bf 109 griffen den Küstenstreifen zwischen Maleme und Canea im Tiefflug an und machten es für die Bodentruppen gefährlich, ihre Gräben zu verlassen. Das VIII. Fliegerkorps der Luftwaffe setzte zur Unterstützung der Luftlandeoperation insgesamt 610 Jäger und Bomber ein.*

„Der Vorschlag wurde Göring am 15. April vom Kommandeur der Luftflotte IV [General Alexander Löhr] – unter dessen Kommando Student stand – unterbreitet. Göring befahl Student am 20. April zur Berichterstattung zu sich. Am 21. April traf Hitler Student und am 25. April ordnete Befehl Nr. 28 die sofortige Vorbereitung des *Unternehmens Merkur*, des Angriffs auf Kreta, an."

Alle an der Operation teilnehmenden Einheiten wurden binnen zwei Wochen gesammelt. Wegen logistischer Probleme verlegte man den Angriff auf den 20. Mai. Student setzte 500 Ju 52 und 80 DFS-230-Segler für die Beförderung der Angriffstruppe von den Flugplätzen in Griechenland aus ein. Diese

**Rechts:** *Dann kamen die Fallschirmjäger. Trotz des vorausgegangenen Luftbombardements empfing sie starkes feindliches Feuer, sobald sie ihre Flugzeuge verließen. Viele Ju 52 wurden durch Bodenfeuer beschädigt und konnten die zweite Welle nicht transportieren. Bei Maleme wurden viele Fallschirmjäger beim Herabsinken getötet und wegen der Stärke des feindlichen Feuers konnten die, die den Absprung überlebten, ihre Waffencontainer nicht erreichen. Sie mussten mit dem kämpfen, was sie bei sich trugen: mit Handfeuerwaffen und Handgranaten.*

**Oben:** *Eine brennende Ju 52 über Kreta. Einen Hinweis auf die Verluste an Transportmaschinen des XI. Fliegerkorps geben die Bemerkungen Hauptmann Sirmers vom 2. Bataillon, 2. Fallschirmjägerregiment, der in der zweiten Welle bei Retimo absprang: „Viele Flugzeuge, die früh am 20. Mai die erste Welle abgesetzt hatten, waren so schwer beschädigt, dass sie nicht zur Basis zurückkehren konnten. Daher standen für das Absetzen des Bataillons anstatt der erwarteten 54 Ju 52 bloß 29 zur Verfügung."*

bestand aus dem Luftlande-Sturmregiment (Generalmajor Meindl), der 7. Fliegerdivision (Generalleutnant Süssmann) und der 5. Gebirgsdivision (Generalmajor Ringel). Letztere ersetzte die 22. Luftlandedivision, die nicht rechtzeitig aus Rumänien verlegt werden konnte und die Ploesti-Ölfelder schützen sollte.

Kreta selbst ist 256 km lang und zwischen 12,8 und 56 km breit. Das Innere der Insel ist kahl und verkarstet. Wasser ist rar. Es gibt nur wenige Straßen. Der einzige benutzbare Hafen an der Südküste war in Sfakia. Die größeren Städte der Insel liegen im Norden: Maleme, Canea, Retimo und Heraklion. Der einzige für die Royal Navy geeignete Hafen befand sich bei Suda Bay, also im Norden.

## Bewertung der Risiken

Der ursprüngliche Plan der Luftwaffe sah Luftlandungen im Westteil der Insel zwischen den Flugplätzen Malemes und Caneas (wo sich Brücken, Straßen und Luftabwehrstellungen befanden), gefolgt von einem Stoß ostwärts vor. Dabei könnten sich die deutschen Luftlandetruppen in einem kleinen Gebiet sammeln und rasch lokale Luft- und Bodenüberlegenheit erlangen. Der Haupt-

**Rechts:** *Viele Fallschirmjäger wurden an der falschen Stelle abgesetzt. Die 4. Kompanie und der Stab des Luftlande-Sturmregiments landeten in der Mitte einer britischen Stellung. Nur die 9. Kompanie von Hauptmann Heilmanns 3. Bataillon, 3. Fallschirmjägerregiment, landete an der richtigen Stelle. Student wurde bald klar, dass keines der Hauptziele genommen worden war, während etliche Bataillons- und Kompaniekommandeure gefallen waren, unter ihnen Generalleutnant Süssmann.*

Rechts: *Der Flugplatz von Maleme – der Schlüssel zum Sieg in der Schlacht um Kreta. Am Ende des ersten Tags erhielt Student nur Meldungen über Fehlschläge. Nur bei Maleme gab es einen Hoffnungsschimmer. Das 3. Fallschirmjägerregiment hatte weder Canea noch Galatas gesichert. Das 2. Fallschirmjägerregiment hatte einen Hügel oberhalb des Flugplatzes von Retimo erobert, dabei aber schwere Verluste erlitten. Und das 1. Fallschirmjägerregiment war bei der Landung weit verstreut worden und nicht in der Lage, den Flugplatz von Heraklion einzunehmen. Für die 7000 eingesetzten Fallschirmjäger schien die unmittelbare Zukunft düster zu sein. Das Foto wurde aufgenommen, als die Schlacht um Kreta vorbei war, und zeigt britische Bomben, die auf dem Flugplatz explodieren.*

**Unten:** *Bei Maleme hatten die Fallschirmjäger den Flugplatz belagert, doch nicht gesichert. Der Schlüssel zu seiner Einnahme war der Hügel 107, der den Flugplatz überblickte und die Umgebung dominierte. Dieses Foto zeigt die Ju 52, die die deutschen Gebirgsjäger und ihre Ausrüstung einflogen, und wurde nach dem Ende des Kampfes um den Flugplatz aufgenommen.*

Nachteil war, dass es dabei zu ausgiebigen Gebirgskämpfen kommen konnte und der Feind im Osten im Besitz der Flugplätze Heraklions und Retimos bliebe. Der Plan des XI. Fliegerkorps befürwortete gleichzeitige Absprünge an sieben Punkten, darunter bei Maleme, Canea, Retimo und Heraklion. Damit sollten alle strategischen Punkte der Insel auf einmal erobert werden. Eine nachfolgende Säuberungsoperation sollte den Rest der Insel nehmen. Doch dies war riskant, da die abgesprungenen Einheiten über einen weiten Bereich verstreut und so durch Gegenangriffe verwundbar sein würden. Zum Plan gehör-

te Students „Ölfleck-Taktik“, wonach im Angriffsgebiet zunächst eine Reihe kleiner Luftlandeköpfe gebildet werden sollte. Diese würden ständig verstärkt werden, bis sie sich schließlich verbanden. Eine deutsche Nachkriegsbeurteilung von Luftlandeoperationen beschrieb, wie sie auf Kreta fast scheiterten: „An einem Punkt war das gesamte Unternehmen nur um Haaresbreite von einem Desaster entfernt, da die Luftlandeköpfe, die zu schwach waren und zu weit auseinander lagen, Stück für Stück beschnitten wurden.“

Admiral Schüster von der Kriegsmarine war für die Landung von Verstärkung an Truppen und Material von der See her verantwortlich, hatte dafür aber keine Marineeinheiten zur Verfügung. Seine Transportschiffe waren kleine, im Griechlandfeldzug erbeutete und im Hafen von Piräus gesammlete Kajike.

## Der endgültige Plan

Der von Göring akzeptierte endgültige Angriffsplan war ein Kompromiss: 10.000 Mann würden mit dem Fallschirm abspringen, 750 mit Seglern befördert, 5000 mit Flugzeugen und 7000 von der See her gelandet werden. Die erste Welle hatte zwei Ziele. Erstens sollten die Männer des 1., 2., 3. und 4. Bataillons des Luftlande-Sturmregiments in Seglern und mit Fallschirmen auf dem Flugplatz von Maleme landen. Zweitens würde das 3. Fallschirmjägerregiment bei Canea abspringen und es ebenso wie den Hafen von Suda einnehmen.

**Unten:** *Gebirgsjäger warten auf ihren Lufttransport nach Kreta. In den Morgenstunden des 21. Mai sicherten die Fallschirmjäger den Hügel 107 und eine einzelne Ju 52 konnte landen, Munition entladen, Verwundete aufnehmen und dann wieder abheben. Students Chance war gekommen. Am Nachmittag ließ er das 2. Bataillon des 100. Gebirgsregiments einfliegen. Teile des Bataillons wurden als Verstärkung für die Fallschirmjäger benutzt, während letztere sich für weitere Angriffe neu organisierten. Die anderen wurden zur Verteidigung des eroberten Fluplatzes eingesetzt. Auch die restlichen beiden Kompanien des Luftlande-Sturmregiments landeten am Nachmittag des 21. Mai bei Maleme.*

**Oben:** *Deutsche Gebirgsjäger auf Kreta. Ringels 5. Gebirgsdivision bestand aus dem 85. und dem 100. Gebirgsjägerregiment, dem 95. Gebirgsartillerieregiment und den 95. Gebirgs-Krad-, Pionier-, Panzerjäger- und Aufklärungsbataillonen. Die 5. Gebirgsdivision wurde schrittweise nach Maleme gebracht und begann das Gleichgewicht zu Gunsten der Deutschen zu kippen, besonders nachdem am Morgen des 22. Mai ein britischer Gegenangriff gegen den Flugplatz scheiterte. Ab dem 24. Mai konnten die Deutschen bei Maleme ungestört Nachschub landen, da sich die Briten weiter ostwärts zurückgezogen hatten. Der Kampf ging nun in die zweite Phase: die Schlacht um Suda Bay.*

Die zweite Welle acht Stunden später hatte zwei weitere Ziele: Fallschirmjäger des 2. Fallschirmjägerregiments sollten bei Retimo und seinem Flugplatz landen und das 1. Fallschirmjägerregiment würde bei Heraklion und dessen Flugfeld abspringen.

Am zweiten Tag würden nachfolgende Truppen der 5. Gebirgsdivision auf die drei Flugplätze (Maleme, Retimo und Heraklion), die nach Plan von der ersten Welle genommen worden waren, eingeflogen werden. Die Konvois Admiral Schüster würden Männer und Nachschub bei Heraklion, Suda Bay und anderen kleineren Häfen, die erobert worden waren, entladen. Während der gesamten Operation sollten die Jäger und Bomber des VIII. Fliegerkorps die deutsche Luftüberlegenheit aufrechterhalten.

## Der Zustand der Garnison

Vor der Invasion Kretas bestand die Garnison der Insel aus etwa 27.500 britischen und Commonwealth-Truppen und 14.000 Griechen, alle unter dem Befehl Major-General Bernard Freybergs, des kommandierenden Generals der 2. Neuseeland-Division. Die ursprüngliche Garnison (5000 Mann) war voll ausgerüstet, doch die aus Griechenland evakuierten Truppen waren müde, desorganisiert und nur leicht ausgerüstet. Die Kreter boten den Aliierten ihre Unterstützung an, obwohl viele ihrer jungen Männer beim Griechenlandfeldzug gefangen genommen worden waren. Die Verteidiger verfügten über

**Unten:** *Britische Schiffe in Suda Bay unter Feuer. Obwohl die Fallschirmtruppen bei Heraklion und Retimo immer noch eingeschlossen waren, war Freyberg klar, dass dies, verglichen mit dem Kampf um Canea und Suda, nur Nebenschauplätze waren. Vermochte er Letzteres zu halten, so konnten ihm Verstärkungen gesandt werden. Doch am 25. Mai griffen die Deutschen an. Das 85. Gebirgsjägerregient stürmte auf Alikianou, um die Hauptstraße südlich Suda Bays abzuschneiden, das 100. Gebirgsjägerregiment griff Galatas an, die Fallschirmjäger von Maleme unter Ramcke (der mit 500 Paras eingeflogen worden war) attackierten im Norden und das 3. Fallschirmjägerregiment stieß südlich Galatas' vor. Der Kampf war wild. Am 27. Mai stürmten die Deutschen Canea und übernahmen Suda Bay.*

nur acht mittlere und 16 leichte Tanks sowie einige leichte Mannschafttransporter. An Artillerie besaßen sie erbeutete italienische Kanonen, zehn 3,7-Zoll-Haubitzen und einige Luftabwehrbatterien.

Dem britischen Oberkommando war klar, dass eine groß angelegte Invasion Kretas stattfinden würde. General Freyberg verteilte seine Kräfte dementsprechend zur Verhütung von Luftlandungen auf den drei Flugplätzen Malemes, Retimos und Heraklions und von Landungen von der See her in Suda Bay und den benachbarten Buchten. Seine Haupttruppe sollte den lebenswichtigen Flugplatz Malemes verteidigen. Doch seine Luftunterstützung war kümmerlich: 36 Flugzeuge, davon weniger als die Hälfte einsatzfähig (deutsche Vorausbombardements machten die Landebahnen unbrauchbar und die Maschinen wurden am Tag vor der Invasion von der Insel abgezogen).

Viel stärker war die britische Marinepräsenz im Gebiet. Die Flotte war in zwei Teile geteilt. Einer bestand aus zwei Kreuzern und vier Zerstörern. Er sollte jeden Eindringling im Norden der Insel abfangen. Der andere umfasste zwei Schlachtschiffe und acht Zerstörer und sollte die Insel gegen eine Intervention der italienischen Flotte nordwestlich Kretas abschirmen. Aufgrund der Entschlüsselung des deutschen Codes kannten die Briten die deutschen Pläne,

**Oben:** *Ein britischer Kreuzer vor Kreta unter Feuer. Trotz deutscher Luftüberlegenheit stoppte die Invasion von der See her, als der erste Konvoi von einer britischen Marine-Eingreiftruppe, die zur Landung von Nachschub und Verstärkungen nach Suda unterwegs war, abgefangen wurde. Die Royal Navy versenkte die meisten Schiffe des Konvois. Viele deutsche Soldaten ertranken.*

doch hielten sie eine erfolgreiche Luftlandeinvasion ohne die Landung schwerer Waffen, Truppen und Versorgung von der See her für unmöglich.

Am 20. Mai begann die Invasion nach umfangreichen Stuka-Angriffen. Bei Maleme landeten Teile des 1. Bataillons des Sturmregiments um 7.15 Uhr ihre DFS-230-Segler westlich und südlich des Flugplatzes. Das 3. Bataillon wurde übel verstreut und landete inmitten der neuseeländischen Verteidiger, wo es binnen Minuten vernichtet wurde. Das 4. Bataillon ging ohne große Schwierigkeiten genau westlich von Tavronitis nieder, während das 2. Bataillon wie geplant im Gebiet östlich von Spilia landete und auf keine Gegenwehr traf. Ein

Verstärkungszug, der weiter westlich bei Kastelli niederging, wurde von griechischen Soldaten und bewaffneten Zivilisten vernichtet.

Generalmajor Meindl war um 7.15 Uhr mit seinem Regimentsstab im Sektor des 4. Bataillons abgesprungen, wurde durch einen Brustdurchschuss schwer verletzt. Der Befehl ging daher auf Major Stentzler, den Kommandeur des 2. Bataillons, über.

Zur Sicherung lebenswichtiger Ziele bei Canea landete die *Kampfgruppe Altmann* (die 1. und 2. Kompanie der Luftlande-Sturmregiments) mit Segelflugzeugen, erlitt aber schwere Verluste. Am 22. Mai wurde Hauptmann Gustav Altmann auf Kreta gefangen genommen. Er blieb bis Kriegsende in Gefangenschaft. Das 3. Fallschirmjägerregiment landete südwestlich Caneas. Viele Männer wurden von den Neuseeländern getötet. Unter schweren Kämpfen konnten sich die Paras Agia sichern. Das dortige Gefängnis wurde als Hauptquartier für Oberst Richard Heidrich und seinen Regimentsstab, der südwestlich des Dorfes gelandet war, benutzt (zu diesem Zeitpunkt wurde Generalleutnant Wilhelm Süssmann, der den Stab der 7. Fliegerdivision treffen wollte, getötet, als sein Segler auf der Insel Aegina abstürzte).

**Unten:** *Fallschirmjäger mit britischen Gefangenen auf Kreta. Obwohl Ringel dies zunächst nicht realisierte, zogen sich die britischen Truppen ab dem 29. Mai südwärts gegen Skafia zurück und beschlossen, ostwärts zu stoßen, um Retimo und Heraklion zu entsetzen. Sie erreichten am 29. Mai Retimo und am folgeden Tag Heraklion. Die Roayl Navy führte die Evakuierung meisterhaft durch. Sie schiffte unter ständigen feindlichen Luftangriffen 14.800 Mann ein und brachte sie nach Ägypten zurück.*

**Oben:** *Students siegreiche Männer bewachen britische Gefangene. Hauptmann Freiherr von der Heydte, Kommandeur des 1. Bataillon, 3. Fallschirmjägerregiment, fasste die Operation auf Kreta so zusammen: „Die deutschen Fallschirmjäger bewiesen, dass ein groß angelegtes Luftlandeunternehmen möglich ist, bei dem die Fallschirmeinheiten nicht nur zur Unterstützung von Bodentruppen, sondern selbstständig eingesetzt werden, um einzelne, isolierte strategische Probleme zu lösen." Doch der Preis war hoch: 7000 deutsche Soldaten fielen oder wurden verwundet.*

Das 3. Fallschirmjägerregiment konnte Canea wegen der Gegenwehr bis zum Mittag des 20. Mai nicht erreichen und erlitt schwere Verluste. Das Luftlande-Sturmregiment vermochte den Hügel 107 südlich Malemes, der den Flugplatz überblickte, und den Flugplatz selbst nicht zu nehmen. Zusätzlich beeinträchtigten Verluste an Flugzeugen, Probleme beim Betanken der Ju 52 und Staub auf den griechischen Flugplätzen den Zeitplan der zweiten Welle. Diese musste daher in kleinen Gruppen anstatt en masse transportiert werden.

Oberst Alfred Sturms 2. Fallschirmjägerregient sprang um 15 Uhr bei Retimo ab. Die Männer wurden weit verstreut und trafen sofort auf den Widerstand der australischen 19. Brigade. Sie kamen kaum voran. Ähnlich war es bei Heraklion, wo das 1. Fallschirmjägerregiment auf eine entschlossene Verteidigung stieß und den Flugplatz nicht einnehmen konnte. Als er Informationen über die ersten Landungen erhielt, beschloss Student, die Gebirgstruppen bei Maleme anstatt Heraklion zu landen, um das ganze Unternehmen zu retten.

Am 21. Mai konnten die Fallschirmjäger nach einem fehlerhaften Rückzug der Neuseeländer den wichtigen Hügel 107 einnehmen. Damit war der Weg zur Eroberung des Flugplatzes von Maleme offen. Um 14.30 begannen deutsche Luftschläge gegen die neuseeländischen Stellungen östlich des Flugplatzes. Danach sprangen Reserven des 1. und 2. Fallschirmjägerregiments ab. Sie und die schon am Boden befindlichen Männer konnten die Verteidigungsstellungen des Flugplatzes überrennen. Das Flugfeld lag noch unter Artilleriefeuer, da landeten um 16 Uhr die ersten Ju 52 mit Gebirgstruppen in Maleme. Viele Flugzeuge kollidierten oder wurden durch Artilleriefeuer zerstört, doch die Truppen konnten entladen werden.

Am 21. Mai fing die Royal Navy die deutsche Flottille mit Truppen und Nachschub ab. Zwar konnten viele Boote zurück nach Griechenland entkommen, doch etliche wurden versenkt. Mehr Glück hatten die Deutschen, als ein britischer Angriff auf Maleme scheiterte, was die erste entscheidende Schlacht auf der Insel war. Der Kommandeur der 5. Gebirgsdivision, General Ringel, übernahm den Befehl über die Einheiten bei Maleme und gruppierte sie um. Inzwischen kämpften die Fallschirmjäger bei Retimo und Heraklion immer noch, um ihre Positionen zu halten. Am 23. Mai war die Krise der Operation vorüber und Einheiten der Truppe Ringels hatten sich nahe Canea mit den Resten des 3. Fallschirmjägerregients verbunden. Doch die Briten leisteten weiter verbissen Widerstand, besonders um die befestigten Stellungen von Kastelli und Galatas herum. Die dortige Kämpfe dauerten 48 Stunden und zählten zu den schwersten des Feldzugs.

Am Abend des 25. Mai nahmen die Gebirgstruppen die britischen Stellungen bei Kastelli und Galatas. Zwei Tage darauf begannen die Deutschen, deren Verstärkungen nun nach Maleme eingeflogen wurden, einen Angriff gegen Ca-

**Unten:** *Kretische Partisanen kurz vor ihrer Exekution als Vergeltung für die Verstümmelung von toten und verwundeten Fallschirmjägern bei Maleme. Mindestens 135 Fallschirmjäger des 3. Bataillons des Luftlande-Sturmregiments wurden von Partisanen getötet. Auch das Dorf Kandenos wurde als Vergeltung für Grausamkeiten der Partisanen ausgelöscht.*

nea selbst. Das 1. Bataillon, 3. Fallschirmjägerregiment, umging die britischen Nachhutstellungen und drang in die Stadt ein. Dieselbe Einheit nahm am 28. Mai Suda. Von da an verwandelte sich die Schlacht in eine Jagd. Am folgenden Tag verbanden sich Ringels Kräfte bei Retimo und Heraklion mit den Fallschirmjägereinheiten, die im Feldzug übel zugerichtet worden waren. Die britische Truppen zogen sich nun südwärts zurück, um von der Royal Navy evakuiert zu werden. Die Evakuierung war am 27. Mai genehmigt worden.

**Oben:** *Das Kreta-Band. Es besteht aus einem weißen Baumwollstreifen mit einem gelben Baumwollrand. Darauf ist in gelbem Garn in Großbuchstaben „KRETA" aufgestickt. Zu beiden Seiten des Worts befindet sich ein stilisierter Lotos-Palmetten-Fries. Manche Autoren beschreiben nur ein Band aus gebrochen weißer Baumwolle. Dies ist allerdings eine Variation des Bandes. Fallschirmjägern wurde das Band verliehen, wenn sie zwischen dem 20. und 27. Mai mit Fallschirm oder Segler am Kampf um Kreta beteiligt gewesen waren.*

## Säuberung

Die Deutschen kontrollierten nun die gesamte Nordküste. Abteilungen der Gebirgsjäger drangen vor, um die Evakuierung zu verhindern. Die letzte Schlacht auf Kreta gab es nahe des Dorfes Skafia, wo die britische Nachhut die Deutschen vom Evakuierungs-Brückenkopf fern zu halten versuchte. Am 1. Juni war der Feldzug beendet und die Insel in deutscher Hand. Doch einer von vier auf der Insel abgesetzten Fallschirmjägern war gefallen und viele weitere waren verwundet worden.

Von der Heydte lieferte später eine Begründung für die Verluste der Fallschirmjäger: „Man muss den Mangel der deutschen Fallschirmjäger – besonders ihrer jüngeren Offiziere – an taktischer Erfahrung erwähnen. Mut und Begeisterung können Mangel an Erfahrung und Ausbildung nicht ersetzen." Student hielt Kreta für „das Grab der deutschen Fallschirmtruppen". Hitler war über die Verluste bei der Einnahme Kretas entsetzt. 1942 wurde auf seinen Befehl hin ein deutsch-italienischer Luftlandeangriff zur Einnahme Maltas, das viel kleiner und leichter verteidigt war, widerrufen: „Die Sache wird schief gehen und zu viele Leben kosten." Die Fallschirmjäger blieben auf Hitlers Befehl am Boden – es sollte keine großen Luftlandeoperationen mehr geben. Von nun an würden die Fallschirmjäger zunächst in Afrika, dann in Europa als Infanterie kämpfen.

**Rechts:** *Die Fallschirmjäger erhielten für ihre Tapferkeit auf Kreta nicht weniger als 23 Ritterkreuze. Göring selbst würdigte in einem Tagesbefehl vom 2. Juni 1941 ihre Verdienste: „Fallschirmjäger: erfüllt von unbändigem Angriffsgeist habt ihr ganz auf euch allein gestellt einen zahlenmäßig überlegenen Feind in einem heroischen, harten Kampf besiegt."*

**Oben:** *Ein deutscher General beschrieb die Fallschirmjäger an der Ostfront so: „Überlegen in ihrer Disziplin, Härte und Ausbildung, mit vorbildhaftem Gemeinschaftsgeist."*

# RUSSLAND – EINE TRUPPE BLUTET AUS

*An der Ostfront kämpften die Fallschirmjäger als Infanterie. Sie erwarben durch ihre Tapferkeit und Standhaftigkeit in einer Reihe von wilden und unerbittlichen Kämpfen gegen die Rote Armee rasch Anerkennung. Doch die Fallschirmjägerdivisionen mussten lernen, dass Mut und Kühnheit keinen Ersatz für überlegene Panzer- und Feuerkraft darstellen.*

**Links:** *Ein Fallschirmjäger-Kradfahrer (Motorradfahrer) steuert seine Maschine durch den dicken Schlamm. Die 7. Fliegerdivision wurde Ende September 1941 an die Ostfront geschickt, genau in die feuchte Jahreszeit, die im Oktober zähen Schlamm brachte.*

Man sieht den Grund dafür, dass es nach der Schlacht um Kreta 1941 keine großen Luftlandeoperationen gab, meist darin, dass Hitler wegen der Verluste keine solchen riskanten Einsätze mehr gestattete. Dies ist richtig, doch eine von der US-Army beauftragte Nachkriegsstudie über deutsche Luftlandeoperationen gibt eine andere Begründung. Zu der Untersuchung lieferten auch von der Heydte, Kesselring, Meindl und Student Beiträge. Ihre Kommentare sind relevant: „Das Luftlandeunternehmen gegen Kreta führte zu sehr schweren Verlusten ... Besonders betroffen war die Fallschirmtruppe. Da alles, was Deutschland an Fallschirmtruppen besaß, beim Angriff auf Kreta eingesetzt und in diesem Feldzug auf etwa ein Drittel seiner ursprünglichen Stärke reduziert worden war, verblieben zu Beginn des Russlandfeldzugs zu wenige qualifizierte Männer für große Luftlandeoperationen. Auch die Lufttransportkapazität war für künftige Operationen nicht ausreichend." Als daher am 22. Juni 1941 das *Unternehmen Barbarossa*, die deutsche Invasion der Sowjetunion, begann, befand sich die 7. Fliegerdivision zur Erholung und Neuausstattung in ihren Stützpunkten in Deutschland.

Der deutsche Vormarsch in Russland verlangsamte sich Ende September 1941, als der Schlamm und starker russischer Widerstand die Heeresgruppen Nord, Mitte und Süd aufhielten. Einheiten der Division wurden für den Dienst im Osten mobilisiert. Das 1. und 3. Bataillon des 1. Fallschirmjägerregiments und das 2. Bataillon des Luftlande-Sturmregiments wurde ins Gebiet von Leningrad geschickt, um mit der 18. Armee der Heeresgruppe Nord zu kämpfen.

Die Fallschirmjäger wurden östlich der Stadt an der Newa, wo Truppen der Roten Armee zum Entsatz Leningrads westwärts stießen, eingesetzt. Die Kämpfe an der Newa im Oktober 1941 waren heftig, doch die Fallschirmjäger konnten die sowjetischen Angriffe abwehren. Der Stab der 7. Fliegerdivision traf Mitte Oktober an der Front ein, kurz darauf das Fallschirmjäger-Pionierbataillon. Es ging sofort in den Wäldern am Westufer den Newa in den Kampf. In

**Links:** *An einem russischen Schienenstrang auf Posten. Das Foto zeigt die feldgrauen Fallschirmjäger-Wollhosen, die zwei Seitentaschen, zwei Hüfttaschen, zwei Eingriffe an den Außenseiten in Kniehöhe und eine Uhrtasche hatten. Am unteren Ende waren Zugbänder aufgenäht, mit denen die Hosenbeine um die Knöchel zusammengebunden werden konnten. Die Fallschirmjäger-Hosen waren weit geschnitten, damit der Träger nach dem Sprung hineingreifen und die darunter getragenen Knieschützer abnehmen konnte. Dieser seitliche Eingriff wurde mit drei Druckknöpfen geschlossen. Die Beintasche auf der Seitennaht hatte eine äußere keilförmige Klappe, die mit zwei Druckknöpfen geschlossen war (wie man hier sieht). Darin befand sich das Fliegerkappmesser des Fallschirmjägers, mit dem er sich bei einer schief gegangenen Landung aus dem Gurtzeug befreien konnte. Der Druck auf eine Feder setzte dabei gemeinsam mit der Schwerkraft die Klinge frei, sodass sich das Messer einhändig öffnen ließ.*

**Oben:** *Ein Krad-Team sitzt in Nordrussland ab, um feindliche Truppen oder Partisanen zu bekämpfen. Zwischen September und Dezember 1941 waren folgende Fallschirmjäger-Verbände im Leningrader Operationsgebiet im Einsatz: Stab des 1. und 3. Bataillons, 1. Fallschirmjäger-regiment; Stab des 1., 2. und 3. Bataillons, 3. Fallschirmjägerregiment; 1. und 2. Kompanie, Fallschirmjäger-Pionierbataillon; 1. und 3. Kompanie, 7. Fallschirm-Artilleriebataillon; 1. Kompanie, Fallschirm-Sanitätsbataillon; 2. Kompanie, 7. Fallschirm-Panzerjägerbataillon; 2. Kompanie, 7. Fallschirm-Maschinengewehrbataillon und 2. Bataillon, Luftlande-Sturmregiment.*

den folgenden zwei Monate schlug die Rote Armee vergeblich auf die Fallschirmjäger ein. Im Dezember wurden die Fallschirmjäger im Leningrad-Gebiet aus der Linie genommen und zur Erholung nach Deutschland geschickt.

Das 2. Fallschirmjägerregiment, ein Bataillon des Sturmregiments und Einheiten der Panzerjäger- und Maschinengewehrbataillone kamen zur Unterstützung der Heeresgruppe Süd in die Ukraine. Diese Truppe (die Kampfgruppe *Sturm* unter Oberst Alfred Sturm) verteidigte im Winter 1941 bis ins Frühjahr 1942 einen Abschnitt entlang der Mius bei der Stadt Tscharsysk. Dabei erlitten die Paras durch die Russen und das Wetter schwere Verluste.

## Zermürbungskämpfe

Das neue Jahr brachte eine Reihe sowjetischer Offensiven, gegen die die Fallschirmjäger ihren wahren Wert bewiesen. Als Elitetruppe waren sie ideal geeignet, gegen eine überwältigende Übermacht standzuhalten, wie sie auf Kreta gezeigt hatten. Dies gefiel Hitler, der besessen davon war, keinen Zoll Boden preiszugeben. Die Kampfgruppe *Sturm* trotzte allen sowjetischen Angriffen, und die Kampfgruppe *Meindl* (1. Bataillon des Sturmregiments, Einheiten des Artillerieregiments und der Regimentsstab) eilte zur Verstärkung der Männer Sturms südwärts. Im Juknow-Sektor gab es wochenlange heftige Kämpfe, doch die Paras hielten die Russen auf und fügten ihnen schwere Verluste zu. Als der Kampf abflaute, ging die Kampfgruppe *Meindl* nordwärts ins Gebiet um den Fluss Wolchow südöstlich Leningrads. Im März 1942 wurde auch das 2. Fallschirmjägerregiment an die Wolchow-Front verlegt und unter das Kommando der 21. Infanteriedivision gestellt.

Die sowjetischen Truppen der Wolchow- und der Nordwest-Front starteten am 8. Mai östlich Leningrads eine massive Offensive, um die Belagerung der

**Links:** *Säuberung eines Bunkers der Roten Armee an der Newa-Front mit einem Flammenwerfer. Das Modell ist ein Flammenwerfer 41. Er hat zwei horizontale, zylindrische Tanks an einem Rucksack. Zunächst benutzte man ein batteriebetriebenes Wasserstoff-Zündsystem, doch nach dem Dienst an der Ostfront, wo es sich bei sehr großer Kälte als unzuverlässig erwies, tauschte man den Zünder gegen eine Methode, die auf Patronen beruhte. Dabei entzündete eine pyrotechnische Patrone den Treibstoff, wenn dieser die Schnauze des Werfers verließ, sobald man den Auslöser drückte. Die Treibstoffkapazität betrug sieben Liter, was fünf bis sechs Stöße erlaubte, die zwei bis drei Sekunden dauerten und einen Feuerstrahl von bis zu 25 Meter Reichweite aussandten.*

**Unten:** *Nahe Leningrad bei der Arbeit. Teile des 2. Fallschirmjägerregiments, des Luftlande-Sturmregiments und des 7. Fallschirmjäger-Maschinengewehr-Bataillons standen 1941 auch im Moskau-Sektor der Front.*

**Oben:** *Mit weißen Tarnanzügen ausgestattete Fallschirmjäger an der Ostfront. Die Mäntel konnten ganz über Uniform und Ausrüstung gezogen und von Wäschereieinheiten unmittelbar hinter der Front leicht gewaschen und gesäubert werden. Beachten Sie die weißen Helme. Für den Einsatz in schneebedeckten Gebieten bemalten die Männer ihre Helme dick mit Kalkfarbe. Wenn im Frühling der Schnee verschwand, konnte man diese im Gegensatz zu weißer Ölfarbe mit Wasser abwaschen. Die Bewaffnung besteht aus Gewehren und Maschinenpistolen.*

**Rechts:** *Überwachung feindlicher Stellungen an der Leningrader Front von einem Splittergraben aus. Obergefreiter Maue, ein Mitglied des Fallschirmjäger-Luftlande-Sturmregiments, gab einen Einblick in die Art des Kampfes während der ersten Phase des Fallschirmjäger-Einsatzes an der Ostfront: „Das Vorrücken im Abschnitt wurde noch durch die Bunker, die die Russen zu seiner Verteidigung gebaut hatten, erschwert, obwohl die Newa in Reichweite lag. Während meines Einsatzes an der Front konnte ich die Randbezirke Leningrads deutlich sehen."*

Stadt zu brechen. Das in und um die Kleinstadt Lipowka stationierte 2. Fallschirmjägerregiment leistete verzweifelt Widerstand und warf Wellen sowjetischer Tanks und Infanterie zurück. Die Paras hielten stand, wurden aber so erschöpft, dass sie im Juli zur Erholung nach Deutschland geschickt wurden.

Im Sommer 1942 erholte sich der Großteil der 7. Fliegerdivision in der Normandie. Dort wurde ihrer Schlachtordnung ein 4. Fallschirmjägerregiment hinzugefügt, damit das 2. Fallschirmjägerregiment nach Nordafrika verlegt werden konnte. Diese Einheit kommandierte Oberst Erich Walther.

In dieser Phase ersann das OKW den Plan einer Luftlandung in Südrussland, um dort Ölfelder zu erobern. Doch im September wurde das Unternehmen abgeblasen und die 7. Fliegerdivision der Heeresgruppe Mitte zugeteilt. Sie bezog eine Stellung nahe Smolensk und sollte einen 90-km-Abschnitt nördlich der Straße Smolensk-Witebsk verteidigen. Der Winter verlief ziemlich ruhig, da die Wehrmacht und die Rote Armee weiter südlich in und um Stalingrad im Kampf standen. Die Ruhepause dauerte bis zum März 1943.

## Erweiterung der Luftlandetruppe

Am Ende des Monats eröffneten die Sowjets ihre Offensive gegen die Stellungen der 7. Fliegerdisvision. Schweres Artilleriesperrfeuer und Infanterie- und Panzerattacken konnten die Fallschirmjäger nicht überwinden. Generalmajor Richard Heidrich durfte seine Männer aus der Linie ziehen, sobald die Angriffe aufhörten. Sie wurden nach Südfrankreich verlegt, wo sich ihnen die neu gebildete 2. Fallschirmjägerdivision anschloss. Beide Divisionen wurden unter das

**Oben:** *Eine gut eingehüllte Fallschirmjäger-Ski-Patrouille in Russland. Beachten Sie die Mützen mit den Luftwaffen-Adlern der beiden Soldaten links. Die als Infanterie kämpfenden Luftwaffensoldaten erhielten erstmals im Winter 1942/43 doppelseitig tragbare Winterkleidung. Einige dieser Männer tragen um den Hals und über die Ohren gelegte Schalmützen, sog. Toques. Toques aus Wolle waren an der Ostfront wichtig. Man erzählt von Soldaten, die bei Frost keine Toque trugen und beim Abnehmen des Helms merkten, dass ihre Ohrspitzen fehlten – diese waren am Helmfutteral festgefroren! Der eisige russische Winter machte das Metall brüchig. Oft zersprangen die schmalen Schlagbolzen. Sogar Maschinengewehre konnten einfrieren. Daher kämpften die deutschen Truppen bei der Verteidigung ihrer Stellungen oft mit Messern, Bajonetten und Feldspaten gegen die Infanterie der Roten Armee.*

**Links:** *Eine Winter-Ausbildungsübung in Russland. Der rechte Fallschirmjäger wirft gerade eine Stielgranate. Der Holzgriff half beim Werfen, wodurch ihre Reichweite größer als die der Eierhandgranate wurde. Vor dem Wurf schraubte man den Verschluss am Ende des Griffs ab, fasste die Perle am Ende der Abzugschnur, die durch den Griff verlief, und zog ab. Dies löste einen Zünder mit Zeitverzögerung aus. Nun warf man die Granate. Nach viereinhalb Sekunden explodierte der Sprengkopf. Die Luftwaffe erhielt allein zwischen 1943 und 1944 3.740.200 Stielhandgranaten.*

XI. Fliegerkorps gestellt. Die 7. Fliegerdivision wurde nun zur 1. Fallschirmjägerdivision. Im Juli 1943 waren alle anderen Fallschirmjägerverbände, die an der Ostfront kämpften, zur Neuausrüstung abgezogen worden, würden aber wegen der sich verschlechternden Lage in Russland bald wieder ostwärts geschickt werden.

Abseits der Front gab es 1943 eine starke Erweiterung der deutschen Luftlandestreitmacht. Im Oktober wurde neben den bereits erwähnten die 3. Fallschirmjägerdivision aufgestellt und im November die 4. Die neuen Divisionen waren nötig: Zu Jahresende hatten die Deutschen die Schlacht von Kursk und die strategische Initiative im Osten verloren.

Anfang November wurde die 2. Fallschirmjägerdivision in Stellungen nahe der von den Russen gehaltenen Stadt Schitomir an die Ostfront befohlen. Sie traf unter dem Befehl Generalleutnant Gustav Wilkes zwischen 1. und 27. No-

**Unten:** *Fallschirmjäger mit einer 28-mm-SPbz 41 (Schweren Panzerbüchse). Sie hatte zwar ein kleines Kaliber, war aber eine ausgezeichnete leichte Panzerabwehrwaffe, einfach zu bedienen und erforderte nur zwei Mann. Das Foto zeigt die leichte Version mit kleinen Rädern und einem leichteren Schlitten für den Einsatz bei Luftlandungen.*

**Oben:** *Kampfpause auf einem Flugplatz hinter den deutschen Linien, fern von der Front. Zwischen November 1941 und März 1942, dem ersten Winter an der Ostfront, waren folgende Fallschirmjäger-Einheiten in Russland im Stalino-Sektor im Einsatz: 1. und 2. Bataillon, 2. Fallschirmjägerregiment; 4. Bataillon, Luftlande-Sturmregiment; 1. Kompanie, 7. Fallschirm-Panzerjägerbataillon; 2. und 3. Kompanie, Fallschirm-Sanitätsbataillon und 7. Fallschirm-Maschinengewehrbataillon.*

**Links:** *Eine weitere der scheinbar endlosen Schneepatrouillen. Der Fallschirmjäger vorne scheint ein Kar-98a-Zylinderverschlussgewehr, die Karabiner-Version dieser Waffe, zu tragen, die für den Einsatz bei der Kavallerie gebaut war. Sie war nur wenig kleiner als das Gew 98: 1,1 m statt 1,25 m. Mauser erzeugte eine spezielle Fallschirmjäger-Version seines Kar 98K, die über ein Gewinde in zwei Teile zerlegt werden konnte. Doch mit Fortschreiten des Kriegs standen für Luftlandetruppen eher Maschinenpistolen zur Verfügung. Deren geringere Größe und ihre Feuerkraft machten sie attratktiver als Zylinderverschlussgewehre.*

**Links:** *Ein Oberleutnant im Winter 1942/43 an der Ostfront. Er trägt über seiner grünen Springermontur gefütterte, wendbare Winterhosen. In den Munitionstaschen führt er sechs 9-mm-Reservemagazine mit 32 Schuss für seine MP-40-Maschinenpistole. In dieser Phase war die 7. Fliegerdivision im Gebiet von Smolensk im Einsatz, wenn auch nur bei kleineren Aktionen.*

**Unten:** *Eine Pak-Mannschaft des 7. Fallschirm-Panzerjägerbataillons Anfang 1943 im Gebiet von Smolensk. Die 3. Kompanie des Bataillons war vom Oktober 1942 bis 6. April 1943 an der Ostfront im Einsatz. Die 5. und die 6. Kompanie waren im Oktober 1942 ebenfalls in Russland stationiert.*

**Links:** *Eine Marder-II-Selbstfahrlafette an der Ostfront in Fallschirmjägerdiensten. Später im Krieg, im Januar 1945, bildete die Luftlandetruppe eine Reihe von Fallschirm-Panzerjäger-bataillonen. Es gab die Nummern 51, 52, 43 und 54. Alle vier wurden am 29. Januar aufgestellt.*

vember ein, kam unter das Kommando des XXXXII. Korps und wurde östlich Schitomirs stationiert. Die Rote Armee wollte Kiew nehmen, die 4. Panzerarmee vernichten, die Verbindungen westlich des Dnjeprs erobern und zuletzt die gesamten deutschen Südflanke vernichten. Bis Dezember hatte sie eine große Streitmacht nordöstlich der Stadt gesammelt, um die deutschen Verteidigungsstellungen zu brechen und den Dnjepr zu erreichen. Doch konnten deutsche Einheiten die durch den sowjetischen Vorstoß erzeugte Lücke schließen. Am 15. Dezember wurde die 2. Fallschirmjägerdivision nach Kirowograd

**Unten:** *Dasselbe Fahrzeug aus einem anderen Winkel fotografiert. Der Marder II war mit einer 75-mm-Pak-40/2-Kanone und einem MG-34-Maschinengewehr bewaffnet. Seine Crew bestand aus drei Mann. Dieser Marder hat, nach den Ringen an seinem Kanonenrohr zu urteilen, fünf Abschüsse auf seinem Konto.*

**Oben:** *Kampftraining gegen feindliche Panzer (im Vordergrund die Schatten des Fotografen und seines Gehilfen). Der Tank scheint ein BT-7 zu sein, das sowjetische Hauptmodell von 1939 bis 1942. Ab Ende 1941 trafen die Deutschen auf immer mehr Exemplare des stärkeren T-34. Die Fallschirmjäger-Mannschaften waren nur mit leichten Panzerabwehrwaffen und Granaten bewaffnet und mussten daher den feindlichen Tanks oft sehr nahe kommen, um sie auszuschalten. Den Soldaten mangelte es dabei nie an Mut, doch führte diese Taktik fast immer zu schweren Verlusten.*

geflogen und bei Klinzy aufgestellt. Die 11. Panzerdivision und die 286. Selbstfahrlafetten-Brigade unterstützten sie. Um Nowgorodka gab es wilde Kämpfe. Bis 23. Dezember festigte die Division unter großen Verlusten die Front.

Anfang Januar 1944 erneuerte die Rote Armee ihre Offensive gegen die 2. Fallschirmjägerdivision und die Übermacht begann sich auszuwirken. Das 2. Bataillon des 5. Regiments wurde vernichtet und ab dem 6. Januar mussten das 7., 5. und 2. Regiment unter dem Druck der Roten Armee aus dem Gebiet von Nowgorodka abziehen. Die Paras gruben sich in Stellungen bei Kirowograd ein und erwarteten den nächsten Angriff. Dieser kam im März, als russische Kräfte bei Kiew südwärts gegen die Positionen der 2. Fallschirmjägerdivision stießen. In der letzten Märzwoche wurden die Fallschirmjäger über den Bug geworfen. Sie nahmen am gegenüberliegenden Ufer Verteidigungsstellungen ein. Immer wieder zurückgedrängt, standen sie im Mai am Dnjestr. Sie wa-

**Rechts:** *Die Strapazen des Diensts zeichnen das Gesicht dieses Fallschirmjägers. Ab Ende 1943 war das deutsche Heer im Osten strategisch in der Defensive und die Fallschirmjägerdivisionen wurden von einem Krisenpunkt zum anderen gehetzt. Im Novermber 1943 etwa versuchte die 2. Fallschirmjägerdivision den sowjetischen Vorstoß bei Schitomir aufzuhalten, im Dezember wurde sie nach Kirowograd geflogen, um dort sowjetische Einheiten zurückzuschlagen.*

**Unten:** *Interessant an diesem Foto ist die 3-kg-Antipanzer-Haft-Hohlladung an der linken Seite des Mannes links. Sie wurde von Infanterie-Panzerjäger-Nahkampfeinheiten benutzt und besaß drei starke Magneten, mit denen sie am feindlichen Tank befestigt wurde. Sie konnte eine 140 mm dicke Panzerung durchschlagen, doch brauchte es eiserne Nerven, sie anzubringen.*

**Oben:** *Fallschirmjäger mit sowjetischen Gefangenen. Die Paras verhielten sich im Allgemeinen gegenüber gefangen genommen Feinden in Russland nicht gefühllos, jedenfalls nicht so wie die stärker ideologisch indoktrinierte Waffen-SS. Im November 1942 etwa bewahrte der Kommandeur des 5. Fallschirmjägerregiments, Oberstleutnant Walter Koch, in Tunesien gefangene Briten vor der Exekution durch andere Soldaten der Achse. Doch Fallschirmjäger führten auf Befehl auch Vergeltungsmaßnahmen gegen Zivilisten durch.*

**Rechts:** *Zeit für eine schnelle Zigarette in einer Kampfpause. In den Kämpfen um Kirowograd im Dezember 1943 und Januar 1944 wurde die 2. Fallschirmjägerdivision beim Versuch, den Vorstoß der Roten Armee aufzuhalten, ausgeblutet. Das 2. Bataillon des 5. Fallschirmjägerregiments wurde fast ausgelöscht, das 7., 5. und 2. Fallschirmjägerregiment böse zugerichtet. Im März brachen die heftigen Kämpfe in diesem Abschnitt wieder aus. Über zwei Monate lang wurde ständig gekämpft, wobei die Division westwärts zurückgedrängt wurde. Sie wurde total zerschmettert und kehrte Ende Mai zur Erholung und Instandsetzung nach Deutschland zurück. An die Ostfront sollte sie nicht mehr zurückkehren.*

ren in den Kämpfen dezimiert worden und am Ende des Monats wurde die Division zur Erholung und Neuausstattung nach Deutschland verlegt. Dies war das letzte Mal, dass die 2. Fallschirmjägerdivision an der Ostfront kämpfte.

Die einzige weitere Fallschirmeinheit, die 1944 im Kampf war, war das 21. Fallschirm-Pionierbataillon unter dem Befehl Major Rudolf Witzigs. Mitte 1944 war die Heeresgruppe Mitte in der Operation „Bagration" von der Roten Armee zerschlagen worden und ab Juli näherten sich die Sowjets der Ostsee. Am 25. Juli 1944 wurden Witzigs Pioniere in Litauen an der Straße zwischen Dunaburg und Kowno stationiert. Am nächste Tag griffen die sowjetischen Tanks mit Artillerie- und Infanterieunterstützung an. Trotz heroischen Kampfs wurden die Pioniere eingekreist und Witzig musste sich zu den deutschen Hauptlinien zurückziehen. Das Bataillon blieb bis Oktober 1944 an der Ostfront, war dann aber so dezimiert, dass es aufgelöst wurde.

Anfang 1945 bereitete die Rote Armee ihre Schlussoperationen zum Sieg an der Ostfront vor. Die Wehrmacht kratzte für diese letzte Schlacht ihre letzten Reserven zusammen, doch viele Einheiten waren bereits an Personal und

**Oben:** *Mit Fortschreiten des Kriegs wurden, besonders an der Ostfront, wo Fallschirmjägereinheiten als herkömmliche Infanterie eingesetzt wurden, verschiedene Methoden der Tarnung des Stahlhelmes angewendet. Dies war individuell wie auch für die ganze Einheit möglich. Zu den von den Fallschirmjägern benutzten inoffiziellen Helmtarnungen zählten Geflechte, Draht und aufgemalte Tarnmuster.*

Ausrüstung dezimiert. Die neu aufgestellte 9. und 10. Fallschirmjägerdivision etwa waren unterbesetzt. Die 9. wurde außerhalb Stettins an der Ostsee stationiert. Im April schloss sie einen russischen Brückenkopf am Westufer der Oder ein. Am 16. April lag sie unter schwerem Artilleriefeuer und von da an begann sich die Einheit aufzulösen. Das 2. Bataillon des 27. Regiments und das 3. Bataillon des 26. Regiments wurden ausgelöscht. Der Rest der Division zog sich zurück, wurde dann aber von sowjetischen Tanks überwältigt.

Ende April hatte die Rote Armee Berlin eingeschlossen. Die Reste der 9. Fallschirmjägerdivision zogen sich zur Verteidigung des „Führerbunkers" und der nahen Amtsgebäude ins Zentrum der Stadt zurück. Als die Stadt kapitulierte, gerieten sie in sowjetische Gefangenschaft.

Die 10. Fallschirmjägerdivision wurde Anfang April 1945 nach Südösterreich geschickt. Sowjetische Truppen strömten durch Ungarn und die Heeresgruppe Süd benötigte verzweifelt Verstärkung. Am 3. April erreichten Vorauseinheiten der Division Graz. Die Paras gruben sich bei Feldbach ein und hielten die sowjetischen T-34 mit Infanterie-Antipanzerwaffen und 88-mm-Kanonen auf. Doch dabei wurde das Artilleriebataillon fast vernichtet.

Am 27. April wurde die 10. Fallschirmjägerdivision abgezogen (nur das 30. Regiment blieb im Donautal) und per Bahn nach Brünn im Sudetenland zur 18. Armee verlegt. Im Norden der Stadt nahmen die Reste der Division ihre letzte Stellung ein. Dann wurden sie ausgelöscht. Dem 30. Regiment gelang es, sich US-Truppen zu ergeben, doch wurde es später den Russen übergeben. Der Krieg der Fallschirmjäger an der Ostfront war vorüber.

**Unten:** *Eine Pak-Mannschft wartet im Schneesturm auf den Feind. Viele Fallschirmjäger wurden an der Ostfront zu Experten im Ausschalten von Panzern. Major Rudolf Witzig, Kommandeur des 21. Fallschirm-Pionierregiments, und seine Einheit wurden in einem Wehrmachtsbericht vom 8. August 1944 erwähnt, nachdem sie bei Kumele in Litauen in einem einzigen Kampf 27 sowjetische Tanks zerstört hatten. Dabei kamen keine Panzerabwehrkanonen zum Einsatz. Die Fallschirmjäger schalteten die Tanks nur mit Haft-Hohlladungen aus.*

**Links:** *Neben dem (hier gezeigten) Flammenwerfer 41 benutzten die Fallschirmjäger auch den Einstoßflammenwerfer 46. Er wurde erstmals 1944 eingesetzt und sollte bei Luftlandungen eine Waffe für den Nahkampf darstellen. Er enthielt Treibstoff für einen einzigen, eine halbe Sekunde dauernden Stoß mit einer Reichweite von 27 m. Doch bestand zu jener Zeit kein Bedarf an Luftlande-Waffen.*

**Unten:** *Eine Fahrt westwärts, während das Jahr 1944 zu Ende geht. Trotz des Bröckelns der Ostfront im Winter 1944/45 blieben die Moral und die Kampfkraft der Fallschirmjägerdivisionen im Osten hoch. Unbeschadet der heftigen Kämpfe besaß die 9. Falschirmjägerdivision am 8. April 1945 immer noch 11.600 Mann. Die 10. Fallschirmjägerdivision verfügte am 17. April über 10.700 Mann.*

**Oben:** *Die wendbare, schwere Winterkleidung der Luftwaffe mit zweireihigen Überjacken und Überhosen war sehr bequem – deshalb vielleicht das Lächeln dieser Fallschirmjäger an der Ostfront.*

**Rechts:** *Das typische Erscheinungsbild des Fallschirmjägers im letzten Kriegswinter an der Ostfront: schmutzige wendbare Winteruniform, ein MG 42 auf der Schulter und ein 7,92-mm-Munitionsgurt um den Nacken. Im Gürtel steckten oft Stielhandgranaten.*

**Oben:** *Ein überladenes Motorrad mit Beiwagen Mitte 1943 in Tunesien. Beachten Sie die beiden Schwingen und den Streifen am linken Ärmel des Oberleutnants.*

# NORDAFRIKA

*Der Beitrag der Fallschirmjäger zum Krieg in Nordafrika war zwar klein, doch in der späteren Phase des Tunesienfeldzugs trugen die Fallschirmtruppen überproportional dazu bei, die Niederlage hinauszuzögern. Als die Achse im Mai 1943 in Nordafrika zusammenbrach, blieben viele Fallschirmjäger zurück und wurden gefangen genommen.*

**Links:** *Ein Fallschirmjäger in der Tropen-Montur der Luftwaffe in Nordafrika auf Posten. Die deutsche Luftwaffe nannte die Farbe der Kleidung „Khakibraun", doch tatsächlich war sie eher gelbbraun. Das Bandelier ist von blaugrauer Farbe und der Helmüberzug zur Tarnung gescheckt.*

Da Hitler nach dem Fall Kretas das Vertrauen in große Luftlandeoperationen verloren hatte, fand das *Unternehmen Herkules*, der geplante Angriff auf Malta, nicht statt. Auch hätte die Operation von Italien aus vorbereitet und gestartet werden müssen und ab 1942 hatte der „Führer" nur noch wenig Vertrauen in die Qualität der italienischen Truppen. Zudem war er überzeugt, der Gegner würde vorher von der Operation erfahren, wodurch das Überraschungsmoment wegfiele.

Trotz der Zweifel des Oberkommandos bezüglich „Herkules" war die Luftlandetruppe optimistisch und hatte für die Operation auf Malta sogar eine eigene Einheit aufgestellt. Die so genannte Fallschirmbrigade *Ramcke* unter dem Befehl Generalmajor Hermann Ramckes bestand aus dem Bataillon *Kroh* (gebildet aus dem 1. Bataillon des 2. Fallschirmjägerregiments), dem Bataillon *Hübner* (aus dem 2. Bataillon des 5. Fallschirmjägerregiments), dem Battalion *Burkhardt* (gebildet aus einem Demonstrations-Batillon), dem neu aufgestellten

Bataillon *von der Heydte*, einem Artilleriebataillon (gebildet aus dem 2. Bataillon der 7. Fliegerdivision), einer Panzerjäger-, einer Melde- und einer Pionierkompanie. Die Ausbildung ging rasch voran und die Fallschirmjäger erhielten eine neue Luftlandeausrüstung. Zunächst war dies eine 48-mm-Panzerabwehrkanone mit konischem Kaliber für Wuchtgeschosse. Diese war zwar eine große Verbesserung gegenüber dem 37-mm-Modell, erwies sich aber in Nordafrika gegen die britischen Tanks als ineffizient. Die Produktion wurde 1943 eingestellt. Weit nützlicher war die „Panzerwurfmine", die als Spezialwaffe für den Kampf gegen Panzer auf kurze Distanz eingeführt wurde. Doch ersetzte man sie bald durch die Panzerfaust. Die Firma Siemens-Halske entwickelte für die Malta-Operation eine von einem Mann tragbare Funkausrüstung. Sie hatte eine Reichweite von 288 km und mit Batterien sechs Stunden Funktionsdauer.

## Einsatz in Nordafrika

Doch zum Absprung auf Malta kam es nie. Stattdessen wurde die Fallschirmbrigade *Ramcke* im Juli 1942 zur Unterstützung der Achsentruppen nach Nordafrika geschickt. Zu dieser Zeit stand Generalfeldmarschall Rommel am Höhepunkt seines Erfolgs. Er hatte die britische 8. Armee in der Schlacht von Gazala (28. Mai – 13. Juni) besiegt und den Hafen Tobruk genommen. Dann war er in Ägypten eingefallen und hatte die Briten nach El Alamein getrieben. Dort wurde er im Juli gestoppt. Wegen logistischer Probleme musste er die 8. Armee entscheidend schlagen, um den Zusammenbruch des Akrifakorps zu vermeiden.

Tobruk war eine Enttäuschung. Nur 610 Tonnen pro Tag konnte man dort umsetzen. Zudem verringerten Anfang August britische Luftangriffe die Kapazität weiter und britische Luft- und Marineeinheiten fingen tausende Tonnen an Militärfracht der Achse ab, ehe diese den Hafen erreichten. Vom 1. bis zum

**Oben:** *Generalmajor Bernhard Ramcke (ganz links), Kommandeur der Fallschirmbrigade* Ramcke. *Seine Einheit wurde im Oktober 1942 nach der Schlacht von El Alamein aufgegeben, da es ihr an motorisierten Transportmitteln fehlte. Doch Ramcke und seine Männer waren entschlossen, nach Westen zu entkommen und sich Rommels Truppen, die sich zurückzogen, anzuschließen. Sie nahmen eine britische Transportkolonne gefangen und trafen am 7. November auf das Afrikakorps. Oberst Hans von Luck, ein Panzerkommandant Rommels, berichtete darüber: „General Ramcke wurde in einem Spähwagen zu uns gebracht. Er wirkte ausgelaugt und wollte sofort zu Rommel. Seine Fallschirmjäger, eine Eliteeinheit, hatten eine abenteuerliche Zeit hinter sich. Nie werde ich den Anblick der Männer vergessen, die erschöpft aus der Wüste zu uns kamen. Sie hatten alles außer Wasser und ihre Waffen zurückgelassen, doch ihre Moral war erstaunlich." Die Stärke der Brigade, ursprünglich 4000 Mann, war auf 600 Mann geschrumpft.*

**Links:** *Mitglieder der Brigade* Ramcke *im September 1942 in Ägypten. Die Brigade bestand aus vier Kampfgruppen: Bataillon* Kroh *(1. Bataillon, 2. Fallschirmjägerregiment), Bataillon* von der Heydte *(1. Bataillon, 3. Fallschirmjägerregiment), Bataillon* Hübner *(2. Bataillon, 5. Fallschirmjägerregiment), Bataillon* Burckhardt *(XI. Fallschirm-Lehrregiment des XI. Fliegerkorps) sowie Versorgungseinheiten. Die Fallschirmjäger fanden den Dienst in der Hitze mühsam. Bald gab es wegen zu kleiner Wasserrationen, knapper Verpflegung und schlechter ärztlicher Versorgung Klagen beim Oberkommando.*

20. August erreichten nur die Hälfte des von der Achse gesandten Nachschubs Nordafrika. Die deutschen Einheiten hatten daher Ende September um 16.000 Mann, 210 Panzer und etwa 1600 andere Fahrzeuge zu wenig. Die Brigade *Ramcke* gehörte zu den 24.000 Soldaten und 11.000 Mann Luftwaffen-Personal, die im Juli und August mit Ju 52 nach Nordafrika geflogen wurden, doch konnten sie nicht mit schwerem Gerät, Artillerie, Mannschaftstransportern, Panzern und Munition versorgt werden. Im Grunde bedeuteten sie eine zusätzliche Belastung in einer bereits angespannten Lage.

Für die britische 8. Armee unter Lieutenant-General Bernard Montgomery galt das Gegenteil. Sie erhielt im August 386 Tanks, 446 Artilleriegeschütze, 6600 Fahrzeuge und 73.200 Tonnen Versorgung. Rommel war in einer unangenehmen Lage: Er konnte auf den britischen Angriff mit dessen überwältigen-

**Unten:** *Britische Truppen, die im November 1942 nach El Alamein hinter dem Afrikakorps her sind. Zwar konnte die Brigade* Ramcke *entkommen, doch ihre Männer wurden bis an ihre Grenzen gefordert. Viele bekamen einen Hitzeschlag, Malaria oder Ruhr, und eine Reihe von Fallschrimjägern musste zur Erholung nach Deutschland geschickt werden.*

der zahlenmäißger Überlegenheit warten oder ihm zuvorkommen und so rasch wie möglich zuschlagen (die Gelegenheit dazu würde bis September bestehen; ab da wären die gegnerischen Kräfte so überlegen gewesen, dass seine Chance auf eine erfolgreiche Offensive vorüber gewesen wäre).

Er plante einen Scheinangriff im Zentrum, während seine Panzer die britischen Stellungen im Süden umgehen würden. Danach würden die Truppen der Achse nordwärts ziehen und zum Meer streben und so die feindlichen Kräfte bei El Alamein einkreisen. Der Brigade *Ramcke* kam bei der Operation gemeinsam mit der italienischen Fallschirmjägerdivision Folgore eine wichtige Funktion zu. Sie sollten bei Alexandria und Kairo die Brücken über den Nil nehmen.

Rommels Versuch, bei El Alamein durchzubrechen, führte zur Schlacht von Alam Halfa (31. August bis 7. September), wo seine Panzer aufgrund von Treibstoffknappheit und der Taktik des neuen Kommandeurs der 8. Armee geschla-

**Oben:** *Verwundete Fallschimjäger in Tunesien. Nach den britisch-amerikanischen Landungen im November 1942 in Nordafrika begannen die Deutschen, Truppen nach Tunesien zu bringen. Dazu zählten das 5. Fallschirmjägerregiment unter Major Walter Koch und das 11. Fallschirmjäger-Pionierbataillon unter Major Rudolf Witzig. Koch war am 11. März 1942 zum Kommandeur des 5. Fallschirmjägerregiments ernannt und am 20. April zum Oberstleutnant befördert worden.*

**Links:** *Bernhard Ramcke zeichnet in Tunesien einen Unteroffizier der Fallschirmjäger aus. Beide Männer tragen Tropenuniform, der Unteroffizier hat die langen Ärmel umgeschlagen. Eine Anweisung der Luftwaffe vom 14. Februar 1942 legte fest, was in tropischen Gebieten an Luftwaffesoldaten und Fallschirmjäger auszugeben war: ein Tropenwaffenrock, eine lange Tropenhose, eine kurze Tropenhose, zwei langärmelige Tropenhemden, drei Tropenunterhemden, drei Tropenunterhosen, zwei Tropenbinder, zwei Nackenschweißbänder und ein Paar Schnürstiefel.*

gen wurden. Es gab keine Fallschirmabsprünge am Nil und die deutschen Fallschirmjäger nahmen nicht an der Aktion teil.

Ende Oktober war die Brigade *Ramcke* Teil des Afrikakorps, das General Hans Stumme kommandierte (der kranke Rommel war nach Deutschland geflogen). Sie kam rechtzeitig zur britischen Offensive. Diese begann am 23., als 1000 Geschütze die zweite Schlacht von El Alamein eröffneten. Die Truppen der Achse kämpften zwar gewandt und entschlossen, doch Montgomerys Übermacht an Panzern und Männern sowie akuter Treibstoffmangel bei der Achse begann die italienische und deutsche Panzerstärke auszuhöhlen. Am 2. November etwa verblieben nur 35 deutsche Tanks im Kampf. Fast ohne Treibstoff, der Großteil seiner Panzer und Artillerie ausgeschaltet, beschloss Rommel, der aus Europa zurück war, den Rückzug. Er hatte die Schlacht mit 104.000 Mann, 500 Panzern und 1200 Geschützen begonnen. Nun waren 59.000 Mann gefallen, verwundet oder gefangen genommen und fast all seine Panzer und 400 Geschütze zerstört. Ramckes Männer waren an den schweren Kämpfen beteiligt gewesen, doch als der Befehl zum Rückzug kam, wurde die Brigade praktisch aufgegeben. Alle Infanterie der Achse, die keine Transportmittel hatte, wurde von der 8. Armee rasch überrannt. Anstatt sich zu ergeben beschloss der Kommandeur der Brigade *Ramcke,* westwärts auszubrechen. Der Durchbruch kostete ihn 400 Mann, doch nahm die Brigade dabei eine britische Nachschubkolonne gefangen, was ihr Lastwagen und Versorgung einbrachte.

**Unten:** *Ein Mitglied der Feldgendarmerie der Fallschirmjäger prüft in Tunesien Papiere. Um den Hals trägt er den Ringkragen des Heeres mit dem Wehrmachtsadler. Die Platte und die Kettenglieder sind mattiert silbern, die erhabene Schrift befindet sich auf einem feldgrauen Feld. Schrift, Adler und Hakenkreuz und die kieselförmigen Knöpfe sind in Leuchtfarbe angestrichen. Die Militärpolizei operierte in allen rückwärtigen Gebieten des deutschen Heeres und in den Besatzungsgebieten.*

So konnten 600 Mann der Brigade wieder zum Afrikakorps stoßen, allerdings erst nach einer mühsamen Tour quer durch die Wüste.

Am 2. November begannen die Landungen der alliierten Operation „Torch“ (Fackel). Diese sollte Marokko, Algerien und Tunesien als Basen für weitere Operationen gegen das Achsenbündnis erobern. Als Reaktion darauf ließ Hitler deutsche Truppen nach Tunesien einfliegen. Zwischen 17. November und Ende Dezember trafen pro Tag 1000 Mann dort ein. Das war zwar eine relativ geringe Menge, doch reichte sie, die Spitzeneinheiten der alliierten 1. Armee aufzuhalten, als diese zweieinhalb Wochen nach den amphibischen Landungen den unmittelbaren Zugang nach Tunis erreichten. Die Folge war ein fünfmonatiger Stillstand im bergigen Gebiet von Bizerta und Tunis.

Ein kleiner Teil dieser Verstärkungen waren das 1. und 3. Bataillon des 5. Fallschirmjägerregiments unter Oberstleutnant Walter Koch, dem Helden von Eben Emael. Sie wurden nach Tunis geflogen, um dessen Flugplätze zu

**Oben:** *Besorgte Gesichter an Bord einer Ju 52 im Mittelmeerraum. Ihr Sorgen sind verständlich: In den ersten drei Monaten des Jahres 1943 erhielten die alliierten Truppen in Nordafrika große Mengen Flugzeuge und sonstigen Nachschub. Die Angriffe auf Transportmaschinen der deutschen Luftwaffe nahmen zu, es gab viele Verluste. Die Defensivbewaffnung der Ju 52 war gegen feindliche Jagdflugzeuge völlig unzureichend: ein 13-mm- und zwei 7,92-mm-Maschinengewehre.*

**Links:** *Ju 52 fliegen Anfang 1943 in Tunesien ein. Erwin Bauer war beim 5. Fallschirmjägerregiment und flog in einer solchen Luftbrücke: „Wir wurden mit Tropenuniformen ausgestattet und packten dann unsere Fallschirme ... Im September oder Oktober 1942 wurde die Einheit in einer Gruppe von 70 Junkers nach Tunis geflogen.“ Ein anderer Fallschirmjäger, der in Nordafrika diente, Jäger Bohn, gibt einen Einblick in die anwachsende Luftmacht der Alliierten zu jener Zeit: „Wir hatten in Tunesien kaum einen Fuß auf den Boden gesetzt, da wurden wir schon von britischen Maschinen bombardiert.“*

**Rechts:** *Weitere Ju 52 fliegen in den tunesischen Brückenkopf ein. Die Heeresgruppe Afrika war Ende März 1943 mit zwei Problemen konfrontiert: Erstens verschlechterte sich die Lage des Fiegerkorps* Tunis *der Luftwaffe ständig, da die britische und US-Luft- und Seeblockade die Nachschublinien immer mehr abschnürte. Mitte April stand die deutsche Luftwaffe in Nordafrika am Rande des völligen Zusammenbruchs. Alliierte Jägerpatrouillen und Bomber schlugen auf ihre wenigen verbliebenen Flugplätze ein. Zweitens blieb die Versorgungsroute über die Luft hoffnungslos ungenügend. Am 29. März klagte von Arnim, der Kommandeur der Heeresgruppe Afrika: „Nachschub bleibt aus. Munition nur noch für ein oder zwei Tage, für manche Waffen wie mittlere Feldhaubitzen keine Vorräte mehr. Treibstofflage ähnlich, größere Bewegungen nicht länger möglich."*

schützen und Verteidigungsstellungen westlich und südlich der Stadt einzunehmen. Koch aber wurde in Tunis krank und musste zurück in ein deutsches Spital gebracht werden. Dem 5. Fallschirmjägerregiment folgte kurz darauf das 11. Fallschirmjäger-Pionierbataillon unter Major Rudolf Witzig. Diese Einheit war ein leichtes Luftlande-Pionierbataillon, bestehend aus drei Feldkompanien (jede mit drei Zügen und einem Maschinengewehr-Halbzug) und einem Fernmeldezug. Sie wurde 1942 aufgestellt und besaß bei ihrer Ankunft in Afrika 716 Mann. Sie sollte die Verteidigung westlich von Tunis, direkt vor der Zugangsroute der Alliierten, verstärken. Am 17. November hatte das Bataillon Feindberührung mit der Vorhut der alliierten Angriffsspitze.

**Rechts:** *Fallschirmjäger auf dem Weg nach Tunesien. Während sie übers Meer fliegen, tragen sie mit Kapok gefüllte Rettungswesten. Der Mann rechts trägt eine Weste, bei der am Rücken einige Kapokstreifen fehlen, eine Version, die 1943 in Dienst genommen wurde.*

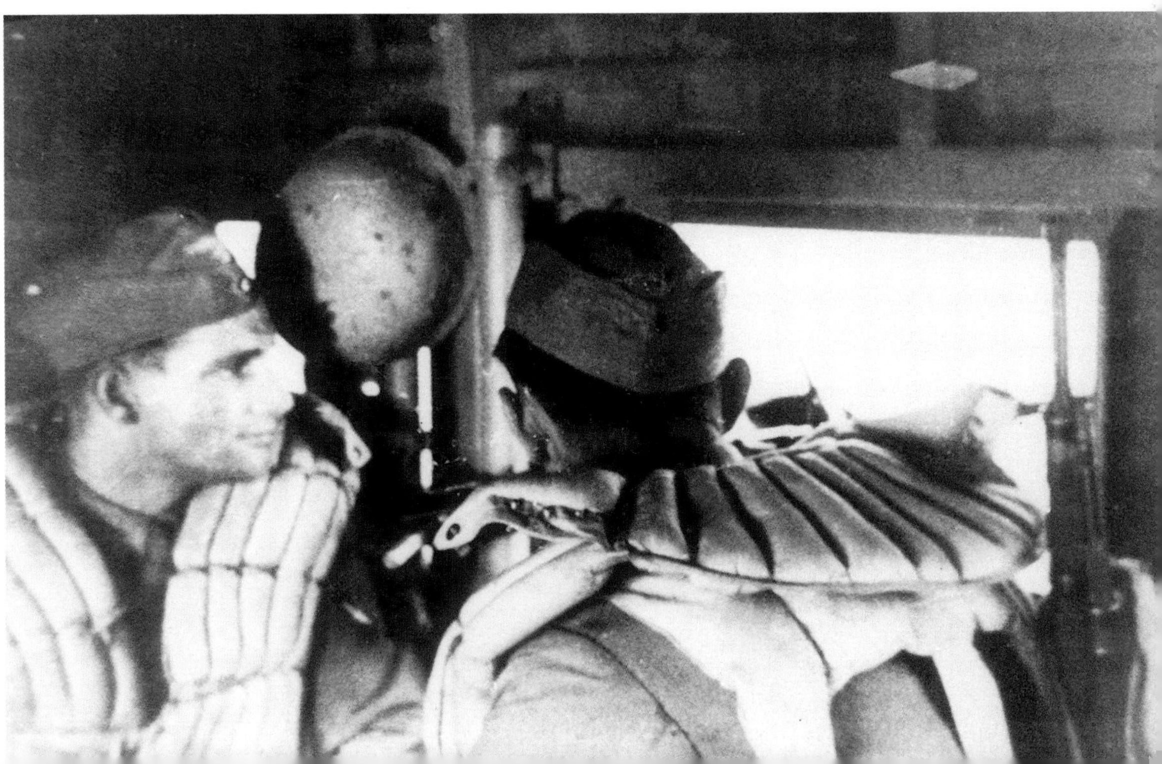

In den folgenden Tagen wurden Witzigs Männer verstärkt, sodass sie aus der Linie genommen und zur Reserveeinheit werden konnten. Teile der Einheit erhielten sodann eine Spezialausbildung und den Auftrag, hinter den feindlichen Linien Aufklärung zu leisten und Informationen zu sammeln. Letzteres führte zum letzten Absprung der Fallschirmjäger in Nordafrika.

Für die Aufgabe wurden die Männer der 3. Kompanie, 11. Fallschirmjäger-Pionierbataillon, gewählt. Die Schulung begann sofort. Ziele waren die Flugplätze und Brücken hinter den alliierten Linien in den Gebieten von Souk el Arba und Souk el Ahras, die die Alliierten für den Transport von Nachschub und Verstärkungen für einen Angriff auf Tunis selbst benutzten. Die Idee eines Absprungs war militärisch richtig, doch die Operation wurde zum Desaster.

Die Ju 52 hoben Anfang Dezember 1942 von Flugplätzen außerhalb von Tunis ab. Die Nacht war kalt und windig, der Mond schien nicht. Die Maschinen waren mit unerfahrenen, schlecht ausgebildeten Piloten bemannt. Die Fallschirmjäger wurden daher weit entfernt von ihren Zielen abgesetzt. Das

**Links:** *Fallschirmjäger in Tunesien mit Springerblusen in grünem Tarnmuster und der Tropenversion der Fliegermütze. Diese trug vorn das geschwungene Hoheitszeichen der Luftwaffe und darunter die schwarz-weiß-rote Nationalkokarde. Die Tropen-Überhosen waren bei den Luftlandetruppen sehr beliebt. Sie hatten am linken Bein eine große Kartentasche. Springerblusen im Khakibraun der Tropenuniform scheinen nie ausgegeben worden zu sein, zumindest nicht offiziell.*

bedeutete einen langen Fußmarsch. Die Fallschirmjäger erreichten ihre Ziele nicht, da sie sofort nach ihrer Landung von den vielen britischen Patrouillen im Gebiet ausgehoben wurden. Nach wenigen Tagen waren alle Pioniere gefangen. Die Luftlandeoperation zur Unterbrechung des alliierten Vormarsches auf Tunis war also ein Fiasko (nach dem Fall von Tunis wurde das 11. Pionierbataillon um einen Kader von Überlebenden des Afrikafeldzugs herum neu gebildet und erweitert, um zum 21. Fallschirmjäger-Pionierregiment zu werden. Dieses kämpfte 1944/45 an der Ostfront und im Westen).

## Ein weiterer Luftlande-Fehlschlag

Das Scheitern der Aktion schreckte das Oberkommando nicht ab. Wenige Tage später genehmigte es einen weiteren Luftlandeangriff. Diesen führten am 26. Dezember Männer der Fallschirmkompanie des Regiments Brandenburg mit Seglern durch. Sie sollten von den Briten als Nachschubrouten benutzte Brücken zerstören. Auch dieser Angriff endete als Desaster. Einige der Segler wurden abgeschossen, als sie über die feindlichen Linien flogen, andere beim Zielanflug. Die meisten Männer fielen bei dem Einsatz.

Zu Beginn des Jahres 1943 war die strategische Lage der Achse in Tunesien schlimm. Im Westen standen die britische 1. Armee und das II. US-Corps, die von Generaloberst Jürgen von Arnims 5. Panzerarmee beschattet wurden.

**Unten:** *Diese Fallschirmjäger, fotografiert Anfang 1943 in Tunesien, sind Mitglieder einer Aufklärungseinheit und tragen den wasserdichten Kradfahrer-Standardmantel. Die alliierte Überlegenheit an Männern und Material, besonders an Flugzeugen und Artillerie, machte Bewegungen am Boden riskant und führte bei den Deutschen zu schweren Verlusten. Zwar gingen die Fallschirmjäger, wann immer die taktische Lage es erlaubte, in die Offensive, doch die Verluste waren zu groß. Anfang 1943 etwa focht das 1. Bataillon, 5. Fallschirmjägerregiment, in der Nähe von Bou-Arada eine Reihe von Kämpfen. Die Verluste waren enorm: Manche Kompanien wurden bis auf 30 Mann reduziert (Standardstärke waren 170 Mann).*

Rommels Panzerarmee Afrika hatte einen meisterhaften Rückzug aus Ägypten durchgeführt und hielt nun die befestigte Zone bei Mareth. Ihr linker Flügel stand am Golf von Gabes, der rechte an den fast unpassierbaren Salzsümpfen des Schott Dscherid. Rommels Angriff auf das II. US-Corps bei Kasserine (14. bis 22. Februar) und der von Arnims auf die Stellungen der 1. Armee in Nordtunesien gewann etwas Zeit, doch Anfang März wurde Rommel vor Mareth zurückgeschlagen (er verließ danach krankheitshalber Afrika) und die Deutschen verloren die anschließende Schlacht von Mareth (20. bis 26. März).

Die Truppen der Achse, besonders die Paras, kämpften weiterhin erbittert. Bei Medjez-el-Bab (wo sich ein Friedhof mit den Gräbern vieler gefallener Fallschirmjäger befindet) und Tebourba gab es heftige Kämpfe, doch konnte die alliierte Flut nun nicht mehr gestoppt werden. Immer noch flossen Verstärkungen nach Tunesien, darunter das Falschirmjägerregiment *Barenthin*, ein Ad-hoc-Verband aus drei Bataillonen und Versorgungsteilen, abgezogen aus verschiedenen Einheiten. Sein Kommandeur war Oberst Walter Barenthin, ein Fallschirm-Pionier, sodass eine große Zahl seiner Männer wohl ebenfalls Pioniere waren. In Tunesien wurde der Verband der Division *Manteuffel* zugeteilt.

Der Schlusskampf in Tunesien fand im Mai 1943 statt, als alliierte Truppen den Umkreis der Achse durchstießen: das II. Corps nördlich und südlich des

**Unten:** *Eine Fallschirmjäger-Kradmannschaft fragt in Tunis nach dem Weg. Motorräder (hier eine BMW 750 ccm mit Beiwagen) waren meist der Aufklärungskompanie einer Division zugeteilt. Ab Ende März 1943 versuchten Fallschirmjägereinheiten, den Vormarsche der Alliierten in Tunesien zu bremsen, was sie viele Männer kostete. Unteroffizier Feigel kämpfte zu jener Zeit in einer typischen Aktion: Am 28. März 1943 wurden wir in einem Wald von Korkeichen stationiert, den wir verminen sollten. Als wir damit begannen, ließen die Briten einen Granatenhagel auf uns niedergehen. Der Beschuss dauerte eine Stunde. Eine Stunde der Hölle. Bald waren die Verluste schwer."*

**Oben:** *Eine eilige Besprechung in den letzten Tagen des Tunesienfeldzugs. Ab Anfang April 1943 befanden sich die Einheiten der Achse voll auf dem Rückzug. Viele Fallschirmjäger wurden gefangen genommen, ihre Einheiten oft von alliierten Panzerzügen eingekreist. Noch dazu mangelte es den Fallschirmjägern stark an Munition. In den Schlusskämpfen im Tunis-Sektor am 27. April verlor das 5. Fallschirmjägerregiment über 300 Mann.*

Sees Bizerta, die 1. Armee östlich von Medjez-el-Bab aus. Von Arnim hatte all seine Reserven eingesetzt und die deutsche Luftwaffe war auf dem Rückzug nach Sizilien und konnte den alliierten Vorstoß daher nicht stoppen. Am 7. Mai drangen alliierte Einheiten in Tunis ein und französische und britische Truppen schlossen die italienische 1. Armee ein. Einheiten der Achse begannen sich scharenweise zu ergeben. Am Ende des Feldzugs (13. Mai) waren 275.000 Gefangene gemacht worden. Die meisten Männer der Brigade *Ramcke*, des Regiments *Barenthin* und des 11. Pionierbataillons wurden gefangen. Ramcke selbst sowie Witzig, Koch und andere höhere Fallschirmjäger-Kommandeure wurden vor der Kapitulation aus Tunesien ausgeflogen. Der Verlust einiger hundert Fallschirmjäger war unbedeutend gegen den einer ganzen Heeresgruppe in Nordafrika – Deutschlands größtes militärisches Desaster nach Stalingrad. An Hitlers Südflanke verlagerte sich der Krieg nun nach Sizilien und Italien.

**Rechts:** *Das Afrika-Band wurde am 15. Januar 1943 eingeführt und allen verliehen, die sechs Monate lang in Afrika gedient hatten. Das Ärmelband war khakifarben und trug das Wort „AFRIKA“, flankiert von zwei stilisierten Palmen in silbergrauem Garn.*

**Oben:** *General der Flieger Kurt Student inspiziert in Sizilien Fallschirmjäger. Er trägt das Eiserne Kreuz erster Klasse, das er im Ersten Weltkrieg errang, sowie das Ritterkreuz.*

# ITALIEN I – DIE ALLIIERTE ANGRIFFSSPITZE

*Da Italien als Mitglied der Achse zu wanken begann und im Herbst 1943 ganz zusammenbrach, musste Hitler dort immer mehr Truppen und Material zum Schutz seiner Südflanke einsetzen. Zu diesen Einheiten zählten auch die 1. und die 4. Fallschirmjägerdivision, die bei der Verteidigung Siziliens und des italienischen Festlands hervorragend fochten.*

**Links:** *Ein junger Fallschirmjäger beobachtet Ende 1943 in Süditalien alliierte Bomber auf ihrem Weg zur Bombardierung deutscher Stellungen. In den Kämpfen am „weichen Bauch" Europas, dem italienischen Festland gab es insgesamt 536.000 deutsche und 312.000 alliierte Opfer.*

Ehe der Feldzug in Afrika beendet war, trafen einander der US-Präsident Franklin D. Roosevelt und der britische Premierminister Winston Churchill in Casablanca, Marokko, um die künftige Militärstrategie festzulegen. Nächstes Ziel sollte Sizilien sein. Dies war nicht erste Wahl und stellte einen Kompromiss zwischen britischen und US-Strategen dar. England hatte seit langer Zeit politische und strategische Interessen im Mittelmeerraum und meinte, die Eroberung Siziliens würde die alliierten Seewege ins östliche Mittelmeer wieder öffnen und eine Basis für weitere Offensiven in dieser Region bieten. Auch könnte man so die kriegsmüden Italiener eventuell zur Einstellung des Kampfs veranlassen.

Die US-Strategen unter Leitung des Army-Stabschefs General George C. Marshall wären gern direkt gegen Nazi-Deutschland gestoßen. Doch die zwei alliierten Führer wollten Deutschlands Aufmerksamkeit von der Sowjetunion abziehen und den Schwung des bevorstehenden Siegs in Nordafrika ausnutzen.

**Links:** *Diese hungrigen Fallschirmjäger zählen zu den Glücklichen, die nach dem Zusammenbruch der Achse in Nordafrika aus Tunesien nach Sizilien entkamen. Die ersten Teile der 1. Fallschirmjägerdivision trafen am 12. Juli 1943 auf der Insel ein. Die 1., 5. und 6. Kompanie des 1. Fallschirm-Panzerjägerregiments der Division kamen einige Tage danach an.*

Zudem machte die nach dem Ende dies Krieges in Afrika verfügbare Masse an Männern und Ausrüstung eine Operation im Mittelmeer logisch. Die Casablanca-Konferenz erwog Aktionen in Griechenland, am Balkan, auf Kreta und Sardinien und wählte schließlich für die nächste Kriegsphase Sizilien.

General Dwight D. Eisenhower wurde als Oberbefehlshaber der alliierten Operation *Husky*, den Angriff auf Sizilien, bestimmt. General Sir Harold Alexander würde sein Stellvertreter und im Feldzug tatsächlicher Kommandeur der alliierten Bodentruppen sein. Alexanders 15. Army Group würde Lieutenant-General George S. Pattons 7. US-Armee und General Sir Bernard Montgomerys britische 8. Armee, den Veteranenverband des Krieges in Nordafrika, lenken.

**Unten:** *Operation* Husky, *die alliierte Invasion Siziliens, läuft an. Bei dem Angriff wurden insgesamt 2590 Schiffe eingesetzt. In den folgenden 38 Tagen kämpften 500.000 alliierte Soldaten, Matrosen und Flieger um die Herrschaft über die Insel.*

**Unten:** *Ein toter Fallschirmjäger auf Sizilien. Die 1. Fallschirmjägerdivision und die Division* Hermann Göring *leisteten zwar heftige Gegenwehr, doch die schlecht ausgerüsteten und geführten italienischen Einheiten, deren Kampfgeist gering war, auf der Insel leisteten bestenfalls Alibi-Widerstand. Bis zum 24. Juli hatte Lieutenant-General George S. Pattons 7. US-Armee die Kontrolle über den ganzen Westteil der Insel erlangt, dabei unter Verlust von 272 Mann 53.000 Italiener gefangen und 400 Fahrzeuge erobert. Berlin sah ein, dass Sizilien nicht gehalten werden konnte. General Hans Hube, Kommandeur des neu gebildeten XIV. Panzerkorps, plante daher den Rückzug aufs Festland. Die Evakuierung war am 17. August 1943 abgeschlossen. Zu diesem Zeitpunkt waren 29.000 Achse-Soldaten gefallen und 140.000 gefangen. Die Briten verzeichneten 2721, die USA 2237 Gefallene.*

Die Invasion fand wegen der dort befindlichen günstigen Buchten, Häfen und Flugplätze an der Südostküste der Insel statt. Das strategische Schlüsselziel des Feldzugs war der Hafen von Messina an der Nordostspitze der Insel. Dieser ist der Hauptübergangspunkt ziwschen Sizilien und dem italienischen Festland und von äußerst zerklüftetem Gelände mit engen Buchten umgeben. Zudem war er stark befestigt und lag jenseits der Reichweite der alliierten Jäger, die in Nordafrika stationiert waren und den Bombern Luftunterstützung gaben. Als erstes Ziel war er daher ausgeschlossen.

## Der Plan für die Invasion in Sizilien

Zum endgültigen alliierten Plan gehörten sieben Divisionen: Die 8. Armee würde vier Divisionen, eine unabhängige Brigade und einen Kommandoverband von der Halbinsel Pachino genau südlich des Hafens von Syrakus landen (eine Segler-Landung würde die amphibischen Truppen bei der Einnahme von Syrakus selbst unterstützen). Die 7. Armee würde drei Divisionen im Golf von Gela landen. Fallschirmjäger des 505. US-Fallschirminfanterie-Regimentskampftrupps und das 3. Bataillon des 504. US-Fallschirm-Infanterieregiments würden sie unterstützen. An Land sollte die 8. Armee nordwärts ziehen und Augusta, Catania, die Flugplätze Gerbinis und schließlich Messina einnehmen.

Die 7. Armee würde die Flugplätze zwischen Licata und Comiso nehmen und die Westflanke der 8. Armee bei deren Stoß gegen Messina decken.

Die Verteidiger der Achse standen unter dem Gesamtbefehl der italienischen 6. Armee General Alfredo Guzzonis. Die 200.000 italienischen Mann waren in sechs Küstendivisionen, vier Infanteriedivisionen und eine Vielzahl lokaler Verteidigungsverbände strukturiert. Viele waren schlecht ausgebildet und ausgerüstet. Ihr Kampfgeist war fragwürdig. Die 30.000 deutschen Mann waren in die 15. Panzergrenadierdivision und die Elite-Panzerdivision *Hermann Görung* gegliedert.

## Die Invasion in Sizilien

Guzzoni sah, dass seine einzige Chance darin bestand, die Alliierten an der Küste zu vernichten, ehe sie ihren Brückenkopf gefestigt hatten. Er stellte daher seine Küsteneinheiten in einer dünnen Linie am Umkreis und zwei italienische Infanteriedivisionen an der West- und Südostspitze der Insel auf. Er wollte auch die deutschen Divisionen im Südosten stationieren, doch Feldmarschall Albert Kesselring, Hitlers Vertreter in Italien, verlegte vor der Invasion den Großteil der 15. Panzergrenadierdivision nach Westsizilien, um eine alliierte Landung dort zu verhindern. So war nur die Division *Hermann Göring* in den ersten Stunden der Invasion in einer Stellung für einen Gegenangriff.

Die Invasion fand in der Nacht des 9./10. Juni 1943 statt. Die Gegenwehr der entmutigten, schlecht ausgerüsteten italienischen Küsteneinheiten war gering und am Ende des ersten Tags hatte die 8. Armee Syrakus genommen und war auf dem Weg nach Augusta. Im US-Sektor war der Widerstand nicht viel größer. In den folgenden beiden Tagen verstärkte sich die Gegenwehr, da Gu-

**Oben:** *Männer der 2. Fallschirmjägerdivision bekämpfen am 9. September 1943 in Rom Pro-Badoglio-Aktivisten. Einen Tag zuvor hatte Italien kapituliert. Die Division war Ende Mai 1943 nach Arles und NÎmes in Frankreich gezogen und dem XI. Fliegerkorps unterstellt worden. Im Juni wurde sie nach Italien verlegt und nahm Stellungen an der Küste zwischen Tarquinia und der Tibermündung ein. Am 9. September ging sie als Teil des deutschen Plans zur Entwaffnung der italienischen Garnison und Kontrolle über die Stadt nach Rom. In Monte Rotondo, nordöstlich Roms, entschied sich die italienische Stabszentrale für den Kampf. So gab es einen Absprung des 2. Bataillons, 6. Fallschirmjägerregiment, Major Walter Gerickes. Die Operation war ein totaler Erfolg. Gerickes Männer nahmen ohne große Mühe 15 Offiziere und 2000 Mannschaften gefangen. Für diese Aktion erhielt er das Deutsche Kreuz in Gold.*

zzoni die Division *Hermann Göring* einsetzte, doch bis zum 13. Juni war die 8. Armee im Westen bis Vizzini und im Osten bis Augusta gelangt. Dort verlangsamte sich der Vorstoß wegen des schwierigen Geländes und des Eintreffens der 1. Fallschirmjägerdivision.

Die 1. Fallschirmjägerdivision unter Generalmajor Richard Heidrich wurde im Mai 1943 aus der 7. Fliegerdivision gebildet. Ab Ende Mai war sie in Fleurs bei Avignon stationiert und kam unter Befehl des XI. Fliegerkorps der Heeresgruppe D. Am 12. Juli wurden die ersten ihrer Einheiten nach Rom geflogen. Dabei handelte es sich um das 1. und 3. Bataillon des 3. Fallschirmjägerregiments, das 4. Fallschirmjägerregiment und das Maschinengewehrbataillon der Division. Nach ihrer Ankunft in Rom wurden das 4. Fallschirmjägerregiment und das MG-Bataillon mit Seglern und Ju 52 bei Syrakus und Catania abgesetzt. Zwei Tage darauf traf das 3. Fallschirmjägerregiment auf der Insel ein. Das 1. Fallschirmjägerregiment wurde in ein Gebiet nahe Neapel geschickt, um weitere Befehle abzuwarten.

## Die Fallschirmjäger in Sizilien

Auf Sizilien nahmen die deutschen Fallschirmjäger Defensivstellungen ein. Das Maschinengewehrbataillon grub sich, unterstützt durch Fallschirm-Panzerabwehr- und Artillerieelemente, um die Brücke von Primasole über den Simeto im Osten der Insel ein. Die Brücke war für beide Seiten wichtig. Einige Stunden nach Ankunft der Deutschen sprangen am 13. Juli ihre Gegenspieler von der britischen 1. Fallschirmjägerbrigade (unter Befehl Brigadier C. W. Lathburys), bestehend aus dem 1., 2. und 3. Bataillon und der 21. Independent Company – Pathfinders) dort ab. Es kam zu einem heftigen Kampf, bei dem sich die britischen Paras unter einigen Verlusten zurückziehen mussten.

Am 14. Juli sprangen Fallschirmjäger des 3. Regiments auf dem Flugplatz von Catania, der zu diesem Zeitpunkt unter dem Feuer alliierter Flugzeuge und Artillerie lag, ab. Inzwischen hielten die Männer des Fallschirmjäger-Maschinengewehrbataillons, die Entsatz erwarteten, britische Paras für eigene Leute, und in der Konfusion nahmen die Briten die Brücke von Primasole ein. Doch

**Unten:** *Fallschirmjäger 1943 in Süditalien. Zu dieser Zeit machte sich die Stärke der Alliierten bemerkbar, während die Stärke der deutschen Luftwaffe abnahm. Am 3. Juli1943 etwa besaß letztere im Mittelmeerraum insgesamt 1280 Maschinen. Bis zum 3. September war die Zahl auf 800 gesunken. Heinrich Hermsen vom 7. Fallschirmjägerregiment war bei Frascati stationiert und erlebte die alliierte Luftüberlegenheit persönlich: „Am 8. September 1943 wurde ich Zeuge eines schweren Luftangriffs gegen Generalfeldmarschall Kesselring (der bereits fort war) und später die Bombardierung Frascatis, die tausende Leben kostete."*

**Oben:** *Die Fotos auf dieser und der gegenüberliegenden Seite zeigen Männer und Fahrzeuge der 4. Fallschirmjägerdivision unter Generalleutnant Heinrich Trettner auf dem Weg, den alliierten Brückenkopf bei Anzio einzuschließen. Major-General John Lucas' VI. US-Corps (50.000 britische und US-Soldaten) war am 22. Januar 1944 dort gelandet.*

**Unten:** *Tarnung von Krads gegen alliierte Flugzeuge. Es handelt sich um BMW-Maschinen mit Beiwagen für die Aufklärung. Sie verfügen auch über Zughaken für leichte Panzerabwehr- oder Artilleriewaffen, doch verringerte eine solche Fracht die Leistung im Gelände ganz erheblich.*

das MG-Bataillon und das neu eingelangte 3. Fallschirmjägerregiment eroberten sie wenige Stunden später in einem Gegenangriff zurück. Die Deutschen querten den Fluss im Osten und aus drei Richtungen unter Angriff mussten sich die Reste der 1. Fallschirmjägerbrigade südwärts zurückziehen.

## Der Verlust der Brücke von Primasole

In der Nacht des 14./15. Juli sprangen die beiden Fallschirmjäger-Pionierkompanien auf dem Flugplatz von Catania ab. Sie marschierten zur Brücke von Primasole und gingen südlich davon in Stellung. Am Morgen griffen die Briten mit Unterstützung von Tanks der 4. Panzerbrigade die Brücke nochmals an. Wieder wurden sie von Panzerabwehr-, Maschinengewehr- und Mörserfeuer zurückgeworfen. Sie kehrten verstärkt durch Truppen der Durham-Leichten Infanterie zurück, wurden von den Deutschen aber nochmals abgewehrt. Letztere hatten eine 88-mm-Kanone herangeschafft, doch wurde diese dann durch starkes alliiertes Artilleriefeuer zerstört. Die Pioniere an der Südseite der Brücke wurden übel zugerichtet. Am Nachmittag waren die Verluste der Fallschirmjäger so groß, dass eine weitere Verteidigung der Brücke unmöglich

war. Ein weiterer britischer Angriff nahm sie ein. Zwei Tage darauf eroberten die Fallschirmjäger sie zurück, ehe sie sie am 18. endgültig verloren.

Während sich die Reste der beiden Pionierkompanien mit dem 4. Fallschirmjägerregiment verbanden und zurückzogen, wurde das 3. Fallschirmjägerregiment bei Carlenini abgeschnitten und in Kämpfe verwickelt. Es konnte die britische Umzingelung durchbrechen und die relative Sicherheit der deutschen Linien erreichen. Doch nun begann die Zeit für die Deutschen in Sizilien abzulaufen. Ab dem 24. Juli kontrollierte die 7. US-Armee die gesamte Westhälfte der Insel. Die meisten italienischen Einheiten zeigten wenig Kampfbereitschaft, umso weniger als am 25. Jui der italienische Diktator Mussolini abgesetzt und durch Marschall Badoglio ersetzt wurde.

Der Kampf in Sizilien ging zwar weiter, doch die italienische Beteiligung daran endete de facto. Die noch kämpfenden Achse-Truppen hatten beschlossen, in der zerklüfteten Nordostspitze der Insel, um die Stützpunkte der so genannten Ätna-Linie herum, Stellung zu beziehen und Guzzoni sprach immer noch von Widerstand. Doch seine Einheiten lösten sich auf und Berlin beschloss den Rückzug von der Insel. Von da an führte General Hans Hube, der Kommandeur des neu gebildeten XIV. Panzerkorps, die Achse-Einheiten in Sizilien. Er zog seine Kräfte zurück, um sie über die Straße von Messina aufs italienische Festland zu evakuieren. Die Fallschirmjäger sollten während der Evakuierung alle Lücken in der Achse-Linie stopfen. Am 11. August wurden Teile des 1. Fallschirmjägerregiments evakuiert, andere Para-Einheiten verließen die Insel am 17., nur Stunden, ehe die ersten alliierten Einheiten Messina betraten.

Nach dem relativ leichten Sieg auf Sizilien begannen sich die alliierten Planer einer Invasion des italienischen Festlands zuzuwenden. Eisenhower bewil-

**Unten:** *Diese achträdrigen Fahrzeuge sind Schwere Panzerspähwagen (SdKfz 232). Die Division wurde im Novermber 1943 im Gebiet von Venedig aus Einheiten der 2. Fallschirmjägerdivision sowie Ex-Mitgliedern der italienischen Fallschirmjägerdivisionen Nembo und Folgore gebildet. Im Februar 1944 umfasste sie das 10. Fallschirmjägerregiment, 11. Fallschirmjägerregiment, 12. Fallschirmjägerregiment, 4. Fallschirm-Panzerjägerbataillon, 4. Fallschirm-Artillerieregiment, 4. Fallschirm-Fliegerabwehrbataillon, 4. Fallschirm-Pionierbataillon, 4. Fallschirm-Meldebataillon und das 4. Fallschirm-Sanitätsbataillon.*

ligte am 16. August eine Landung der 8. Armee (Codename „Baytown"). Der Angriff sollte zwischen 1. und 4. September über die Straße von Messina führen, um feindliche Einheiten, die die US-Landungen weiter nördlich stören konnten, zu binden. Bei letzteren (Operation „Avalanche") würde die 5. US-Armee am 9. September im Gebiet von Salerno an Land gehen. Beide Armeen gehörten zur alliierten 15. Army Group unter General Sir Harold Alexander.

## Deutsche Pläne für die Verteidigung Italiens

Angesichts des schwankenden Italien hatte Hitler Albert Kesselring, den Oberfehlshaber Süd, mit der Verteidigung Süditaliens beauftragt. Dieser plante zu dieser Zeit einen Verzögerungskampf, bis er eine dauerhafte Verteidigungslinie im Apennin nördlich Roms erreichtet hätte. Für den Fall, dass Italien das Achsenbündnis verließ, hatte Hitler Generalfeldmarschall Erwin Rommel, den Kommandeur der Heeresgruppe B, die für die Verteidigung Norditaliens verantwortlich war, beauftragt, alle wichtige Gebirgspässe, Straßen und Bahnlinien zu besetzen und die Italiener zu entwaffnen. Inzwischen sollte Kesselring die Italiener im Süden entwaffnen und den Rückzug nordwärts fortsetzen.

Mitte August zogen 102.000 Achse-Soldaten von Sizilien aufs italienische Festland ab und am 8. August wurde unter dem Befehl General Heinrich von Vietinghoffs die deutsche 10. Armee gebildet. Ihre 45.000 Mann sollten gemeinsam mit der italienischen 7. Armee die Südspitze Italiens verteidigen. Vietinghoff verfügte dabei über drei deutsche Divisionen: die Division *Hermann Göring*, die 15. Panzergrenadierdivision und die 16. Panzerdivision.

**Oben:** *B 25 B der 12. US-Army-Air-Force unterwegs zur Bombardierung deutscher Stellungen bei Anzio. Die 14. Armee unter General Georg Mackensen reagierte rasch, um den Brückenkopf einzuschließen und dann anzugreifen. Die 4. Fallschirmjägerdivision erwies sich bald als eine der härtesten Einheiten in der deutschen Schlachtreihe, wie der Wehrmachtsbericht vom 7. Februar angibt: „4. Fallschirmjägerdivision ... erreichte ihre zugeteilten Ziele in allen Abschnitten." 16. Februar: „16. Infanteriedivision und 4. Fallschirmjägerdivision nahmen den Kamm südlich von Cle Buon Riposo."*

**Rechts:** *Fallschirmjäger der 4. Fallschirmjägerdivision auf einem gepanzerten Halbketten-Mannschaftstransporter (SdKfz 251) nahe Anzio. Sie tragen eine Mischung von Fallschirmjäger- und Heereshelmen und Fliegermützen. Ab Ende Februar 1944 erlitt die Divisionen bei ständigen Kämpfen schwere Verluste. Ihr Kommandeur Trettner führte durch Vorbildwirkung und wurde in den Wehrmachtsberichten etliche Male wegen seiner Tapferkeit erwähnt. Während des Kriegs wurden über 10.000 SdKfz 251 gebaut. Der Geschützschild vorne trug ein MG 34 oder ein MG 42.*

Am 3. September querte die 18. Armee die Straße von Messina. Am selben Tag schloss die italienische Regierung Badoglios einen geheimen Waffenstillstand. Am 8. September wurde die Kapitulation Italiens verkündet. Die deutschen Einheiten beeinlten sich nun, ihren früheren Verbündeten zu entwaffnen (die Positionen dazu hatten sie schon zuvor eingenommen).

Ende Juni war die neu aufgestellte 2. Fallschirmjägerdivision von ihrer Basis in Südfrankreich ins Küstengebiet zwischen Tarquinia und der Tibermündung verlegt worden. Dies geschah in Vorwegnahme jeder Unruhe in Rom. Unter dem Befehl Generalmajor Bernhard Ramckes bestand sie aus dem 2. Fallschirmjägerregiment, einem Artilleriebataillon aus den Resten der Brigade *Ramcke*, die in Afrika gedient hatte, und dem 4. Bataillon des Luftlande-Sturmregiments. Zusätzlich wurde das Fallschirmjäger-Lehr-Bataillon als Kader zur Bildung des neuen 6. und 7. Fallschirmjägerregiments benutzt. Am 9. September wurde die 2. Fallschirmjägerdivision nach Rom befohlen, um das „Unternehmen Student" durchzuführen: die Ordnung wiederherzustellen, die italienischen Truppen der Garnison Rom zu entwaffnen und die Stadt zu besetzen. Bis zum 10. September war dies erledigt.

Stärker war der Widerstand in Monte Rotondo nordöstlich Roms, wo sich das Hauptquartier der italienischen Armee und ihr Generalstab befanden. Diese wollten sich den Deutschen nicht ergeben. Ein Absprung des 2. Bataillons,

**Unten:** *Deutsche Fallschirmjäger bei Anzio auf Patrouille. Zwischen März und April verwandelte sich der Kampf um den Brückenkopf in eine Belagerung, wobei alle Stellungen im Kopf unter ständiger Bewachung und Feuer standen, während die deutsche Luftwaffe das Hafengebiet angriff und Nachschub und Verstärkung unterbrach. Trotzdem wurden die alliierten Angriffe zahlreicher. Typisch ist ein Bericht der 14. Armee vom 9. März: „Feindliche Angriffe gegen die rechte Flanke des 10. Fallschirmjägerregiments durch etwa zwei Kompanien nach zweistündigem Artilleriebeschuss wurden in harten Kämpfen zurückgeschlagen."*

**Oben:** *Unterwegs nach Anzio. Zuletzt zählten die alliierten Truppen im Brückenkopf 110.000 Mann, während die Deutschen 70.000 Mann aufbrachten, um sie einzuschließen. Die Alliierten brachten auch Elitetruppen nach Anzio, auf die die deutschen Fallschimjäger trafen. Oberleutnant Opel vom Fallschirmjäger-Lehr-Regiment meinte: „Um eine Truppe von Rangern, die in die von einer benachbarten Kompanie gehaltenen Stellungen eingedrungen war, aufzuhalten, stieß ich gegen eine ihrer Flanken und schnitt so eine große Zahl Amerikaner von ihrer Einheit ab. Etwa 400 bis 500 Amerikaner fielen in unsere Hand.“*

6. Fallschirmjägerrgiment, Major Walter Gerickes auf das italienische Hauptquartier beendete unter leichten Verlusten jeden Widerstand.

Die 5. US-Armee ging am 9. September bei Salerno an Land, und trotz deutschen Drucks war der Brückenkopf bis zum Monatsende fest etabliert. Zu diesem Zeitpunkt hatten die Alliierten 190.000 Mann an Land gebracht und stießen nordwärts. Als Reaktion darauf errichtete Kesselring eine Reihe von Verteidigungslinien quer über die italienische Halbinsel. Die erste war die Barbara-Linie, eine hastig gebaute Zahl von Befestigungen entlang des Volturno, 40 km nördlich von Neapel. Die zweite verlief durch Migano und erstreckte sich von der Küste ostwärts nach Monte Camino, Monte Maggiore und Monte Sammucro. Sie wurde Bernhard- oder Reinhard-Linie genannt. Die dritte, die Gustav-Linie, befand sich 19,2 km nördlich der Bernhard-Linie und basierte auf dem Monte Cassino und den Flüssen Garigliano und Rapido. Sie bestand aus Bunkern und Festungswerken und war die stärkste der drei Linien.

## Die Bildung des I. Fallschirmjägerkorps

Am 21. November 1943 wurde Kesselring Kommandeur der Heeresgruppe C, die für ganz Italien verantwortlich war (Rommel war nach Frankreich versetzt worden). Gleichzeitig wurden zwei Armeen für die Heeresgruppe gebildet: die 10. Armee unter General von Vietinghoff und die 14. Armee unter General von Mackensen. Auch die Fallschirmjägereinheiten in Italien wurden umgebildet. Im Januar 1944 wurde das I. Fallschrmjägerkorps aufgestellt. Unter General Alfred Schlemm sollte es während des Kriegs in Italien die 1. und 4. Fallschirmjägerdivision umfassen. Die Bildung der 4. Fallschirmjägerdivision begann im November 1943. Sie wurde aus dem 1. Bataillon, 2. Fallschirmjägerregiment, dem 2. Bataillon, 6. Fallschirmjägerregiment, und dem 1. Bataillon, Luftlande-Sturmregiment geschaffen. Dazu kamen Truppen der italienischne Fallschirmjägerdivisionen Nembo und Folgore.

Bis Mitte November hatte der monatelange Kampf von Salerno bis zur Bernhard-Linie die 5. und die 8. Armee beinahe erschöpft. Um das Patt zu brechen, sollte das VI. US-Corps hinter den feindlichen Linien bei Anzio landen. Am 20. November wurde die alliierte Offensive in Italien fortgesetzt, doch Schlechtwetter und deutscher Widerstand hemmten den Fortgang. Trotzdem hatten die alliierten Armeen bis Mitte Januar die beiden ersten deutschen Verteidigungslinien genommen und standen vor der Gustav-Linie. Zur Erleichterung amphibischer Landungen sollte die 5. Armee gegen die Flüsse Rapido und Garigliano angreifen. Die Operation „Shingle", die Landung bei Anzio, begann ungehindert am 22. Januar 1944. Die Offensive der 5. US-Armee aber traf auf harten Widerstand, besonders bei Cassino und der Benediktinerabtei oberhalb der Stadt auf dem Monte Cassino (siehe Kapitel Acht).

Bei Anzio grub sich Major-General John Lucas ein, um den Brückenkopf zu sichern, ehe er eine Offensive begann. So konnten die Deutschen bis zum 30. Januar 70.000 Mann um Anzio zusammenziehen und den Angriff auf Rom abwürgen. Wären die Alliierten sofort aus dem Brückenkopf vorgestoßen, so wäre es den Deutschen wohl schwer gefallen, sie zu stoppen. Doch so konnte von Mackensen mit seiner 14. Armee den Landekopf einschließen. Zusätzlich befahl Kesselring, alle entbehrlichen Kampftruppen der 10. Armee an die

**Rechts:** *Ein verwundeter Überlebender der 4. Fallschirmjägerdivision schleppt sich von einem Feld-Verbandsplatz zurück. Ende Mai stand die 14. Armee, die den Brückenkopf nicht hatte erobern können, bei Anzio vor der Niederlage. Ab dem 25. Mai hatte die 5. US-Armee den Kontakt zu den Einheiten des Brückenkopfs hergestellt und die Deutschen zogen sich nordwärts zurück. Wie immer deckten die Fallschirmjäger den Rückzug. 29. Mai: „Die 4. Fallschirmjägerdivision und die 65. Infanteriedivision wehrten etliche Angriffe ab, doch der Feind konnte die Linie durchdringen." (Kampfbericht der 14. Armee)*

Anzio-Front zu verlegen. Zu diesen zählten der Stab des I. Fallschirmjägerkorps, das 3. Bataillon des 1. Fallschirmjägerregiments der 1. Fallschirmjägerdivision und das Maschinengewehrbataillon der 1. Fallschirmjägerdivision.

## Harte Kämpfe bei Anzio

Um Anzio hatte man anfangs drei Divisionsabschnitte eingerichtet – Sektor West, Mitte und Ost. Alle drei standen unter dem Kommando des I. Fallschirmjägerkorps. Die 4. Fallschirmjägerdivision hatte den Befehl im Sektor West und war südlich des Tiber nahe Terracina stationiert. Zu diesem Zeitpunkt wurde die Mannschaft der Division immer noch aktiviert.

Am Ende des Monats hatte das I. Fallschirmjägerkorps einen Angriff geplant, doch die alliierte Luftüberlegenheit hatte bereits fühlbare Auswirkung auf die Deutschen, wie ein Bericht der 14. Armee vom 29. Januar zeigt: „Die Hauptaufgabe der 14. Armee besteht darin, den Brückenkopf zu vernichten, den der Feind verstärkt. Der Hauptangriff muss so bald wie möglich erfolgen. Das Datum hängt vom Eintreffen der nötigen Kräfte ab, das sich verzögert, da das Eisenbahnsystem in Italien durch feindliche Luftangriffe außer Funktion gesetzt ist.“ Am 30. Januar wurden die US-Ranger von Cisterna zurückgedrängt, sodass sich die unterstützenden britischen Truppen in einer exponierten Lage befanden. Weitere deutsche Angriffe vom 3. bis 4. Februar führten zu schweren alliierten Verlusten und bis zum 13. standen die Invasoren praktisch an ihrer letzten Verteidigungslinie entlang der Straße Albano–Anzio.

Während Mackensen seinen letzten großen Angriff vorbereitete, herrschte relative Ruhe. Die Moral der alliierten Truppen war nun sehr gering und es schien den Deutschen möglich, den Brückenkopf zu beseitigten. Der Hauptangriff begann in der Dämmerung des 16. Februar. Die 4. Fallschirmjäger- und

**Unten:** *Das Durchbrechen der Gustav-Linie führte zu einem umfassenden Rückzug der deutschen 10. und 14. Armee in Italien. Am 2. Juni musste Kesselring allen deutschen Einheiten befehlen, die Feindberührung abzubrechen und nordwärts zu ziehen. Am folgenden Tag erklärte er Rom zur „offenen Stadt“, wobei er Hitlers Befehl missachtete, große Teile der Metropole mit Sprengstoff in die Luft zu jagen. Diese Fallschirmjäger waren unter den Letzten, die abzogen. In der Nacht des 4. Juni drangen Einheiten der US 1. Special Service Force, 1. Panzerdivision und der 3., 34., 36., 85. und 88. Infanteriedivision in Rom ein. Die erste Hauptstadt des Achsenbündnisses war gefallen.*

**Rechts:** *Geschlagen, doch nicht gebrochen, ziehen diese Fallschirmjäger im Juni 1944 von Rom nordwärts. Bis zum 21. Juni waren sie die Halbinsel 176 km hinaufgedrängt worden. Dann hielten die alliierten Einheiten Ende Juli zur Erholung und Neuausstattung an und gaben den Deutschen Gelegenheit, die Stellungen der Goten-Linie zu vervollständigen.*

die 65. Infanteriedivision besetzten den Kamm südlich von Cle Buon Riposo. Es gab schwere alliierte Artillerie- und Luftangriffe, doch die Deutschen kämpften sich voran. Trotzdem stoppte massives Artillerie- und Luftbombardement den Angriff am 19. Februar. Es wurde weitergekämpft, doch am Ende des Monats hielt Mackensen seine Angriffe bei Anzio an. Er beklagte bei Kesselring die „ungenügende Ausbildung der Truppen und Verstärkungen. Sie sind für den Kampf gegen die alliierten Truppen nicht qualifiziert. Die Armee kann mit den verfügbaren Kräften den Brückenkopf nicht vernichten."

## Zermürbungskämpfe

Der Brückenkopf war gerettet, doch der Kampf ging weiter. Ein deutscher Einsatzbericht vom 2. bis 4. März etwa gab bekannt: „Durch starke feindliche Gegenangriffe wurde eine Kompanie der 4. Fallschirmjägerdivision im Ostteil der Ciocca-Schlucht vernichtet." Vier Tage darauf schlugen zwei feindliche Kompanien auf die rechte Flanke des 10. Fallschirmjägerregiments los. Der Angriff wurde erst nach schwerem Kampf abgewehrt. Anfang April war die 4. Fallschirmjägerdivision durch die Kämpfe bereits so geschwächt, dass ein Bericht der 14. Armee die Kampfqualitäten ihrer Einheiten mit der Stufe II beurteilte.

Weiter südlich scheiterten die Alliierten dreimal beim Versuch, die Gustav-Linie zu durchbrechen: im Januar am Fluss Rapido, im Februar beim Versuch, Cassino zu umgehen, und im März beim Bemühen, zwischen der Abtei auf dem Monte Cassino und der Stadt darunter durchzustoßen. Allerdings bereitete die 15. Army Group mittels eines massiven Aufmarsches und eines intensiven Luftfeldzugs den Boden für eine neuerliche Offensive vor. Unter dem Decknamen Operation „Diadem" wurde diese am 11. Mai 1944 mit einem massiven Sperrfeuer von 1600 Artilleriegeschützen entlang der gesamten Front eingeleitet. Dann folgte der Sturm 25 alliierter Divisionen. Im Sektor der 8. Armee war der Fortschritt langsam, doch die Amerikaner kamen besser voran. Am 25. Mai verbanden sich alliierte Truppen von Anzio, vier Monate nach ihrer Landung, nördlich von Terracina mit Stoßtrupps der 5. US-Armee. Die 4. Fallschirmjägerdivision kämpfte einige Nachhut-Aktionen, während Mackensen sich nordwärts zurückzog, doch konnten die Deutschen nicht verhindern, dass mit Rom am 4. Juni die erste Hauptstadt der Achse an die Alliierten fiel. In Italien sollte es aber weiterhin eine Menge Kämpfe geben.

**Oben:** *Wachposten im Cassino-Sektor. Beachten Sie den Helmüberzug des Fallschirmjägers aus Tarnmaterial der italienischen Armee sowie das Band seines Eisernen Kreuzes.*

# BLUTBAD BEI CASSINO

*Anfang 1944 waren die 5. US-Armee und die britische 8. Armee bereit, ihren ersten großen Angriff gegen die Gustav-Linie zu starten, sich mit einer amphibischen Landung bei Anzio zu verbinden und dann nach Rom zu stoßen. Es folgten fünf Monate des Kampfes, da die Fallschirmjäger den Ort, der zur militärischen Legende wurde, nicht aufgaben – Monte Cassino.*

**Links:** *Gezeichnet von den Anstrengungen des Kampfes, gönnen sich diese Männer der 1. Fallschirmjägerdivision beim Kampf am Monte Cassino eine Ruhepause. Die meisten Kämpfe in Cassino und um den Monte Cassino selbst herum bestanden aus Nahkämpfen, oft Mann gegen Mann.*

Von allen Aktionen der Fallschirmjäger im Zweiten Weltkrieg waren es die Kämpfe um die Abtei des Monte Cassino und die Stadt Cassino, die militärisch legendär wurden. Die Männer der 1. Fallschirmjägerdivision erhielten für ihre Leistung in einer Schlacht, die Hitler „eine Schlacht des Ersten Weltkriegs, ausgefochten mit den Waffen des Zweiten" nannte, den Namen „Grüne Teufel von Cassino".

Anfang 1944 forcierten die Alliierten ihre Pläne für eine amphibische Landung hinter den deutschen Linien bei Anzio durch die 5. Armee des VI. US-Corps ( voriges Kapitel). Im selben Monat war das neu gebildete französische Expeditionskorps unter General Alphonse Juin eingetroffen und hatte eine Stellung an der Ostflanke der 5. Armee eingenommen, wobei das II. US-Corps in der Mitte und das britische X. Corps in Reserve standen. Die 5. Armee erhielt Befehl, durch die feindlichen Linien zu brechen und sich mit dem Brückenkopf zu verbinden. Dazu musste sie allerdings eine Bresche in die Gustav-

Linie schlagen. Diese lag entlang zweier Flüsse – des Garigliano und Rapido. Die 5. Armee würde feindliche Kräfte von Anzio abziehen, indem sie über die Flüsse angriff und die Anhöhen an den Seiten des Tals des Liri nahm. Sodann würde sie nordwärts stoßen und sich mit dem Brückenkopf verbinden. Die britische 8. Armee unter Lieutenant-General Sir Oliver Leese sollte bei dieser Operationen durch die Querung des Sangro und die Einnahme von Pescara den Feind zusätzlich binden.

## Erster Angriff auf den Monte Cassino

Durch das lange, flache Liri-Tal verlief die Autobahn 6, die Nord-Süd-Hauptstraße nach Rom. Doch die Deutschen hatten alle Schlüsselpunkte im Tal befestigt und hielten die Erhebungen, die die Talmündung schützten: den Monte Cassino und den Monte Majo. Am 17. Januar begann der alliierte Ansturm. An der Spitze der Querung des Rapido nahe Sant'Angelo stand die 36. Infanteriedivision des II. Corps, doch da das X. Corps und das französische Expeditionskorps die Deutschen nicht von den Anhöhen am Liri-Tal vertreiben konnten, scheiterte der Angriff unter schweren Verlusten. Alle Versuche, den Rapido zu queren, endeten am 22. Januar, doch die Notwendigkeit, den Brückenkopf von Anzio zu entsetzen, zwang Clark, seine Angriffe zu erneuern.

Der neue Angriff fand über die Erhebung nordöstlich von Cassino statt. Das britische X. Corps nahm seine Attacke vom Garigliano-Brückenkopf aus wieder auf und die 34. US-Infanteriedivision versuchte mit Hilfe des französischen Expeditionskorps und eines Regiments der 36. Infanteriedivision Cassino zu umgehen und die Benediktinerabtei auf dem Monte Cassino zu stürmen. Die französischen und die US-Einheiten erreichten eine unsichere Stellung an den Nordosthängen des Berges, während die 34. Infanteriedivision am 26. Januar den Rapido überquert hatte.

Als Vorbereitung eines neuerlichen Versuchs im Liri-Tal durch das neu gebildete Neuseeland-Corps unter Lieutenant-General Sir Bernard Freyberg begann die 34. Infanteriedivision Anfang Februar 1944 wieder Angriffe auf Cassino. Doch nach tagelangen heftigen Kämpfen hielten die Deutschen die Stadt immer noch und das Neuseeland-Corps löste die Amerikaner ab.

Bisher hatten die Alliierten die Abtei mit Luft-, Artillerie- und Bodenangriffen verschont, obwohl sie ein wichtiger strategischer Punkt war. Doch auf-

**Oben:** *Die Abtei am Monte Cassino wird am 15. Februar 1944 von alliierten Maschinen bombardiert. Eine Folge des Bombardements und Granatenbeschusses des Hügels und der Stadt Cassino war, dass Deckung für die deutschen Fallschirmjäger und Probleme für die Angreifer entstanden. Es war schwer, die Fallschirmjäger zu vertreiben, wie Major Rudolf Böhmler, Kommandeur des 1. Bataillons, 3. Regiment der 1. Fallschirmjägerdivision, später meinte: „Man muss bedenken, dass der Kampf bei Cassino ein Gebirgskampf war. Und bei einem solchen gilt unausweichlich, dass der Herr des Hügels auch der Herr des Tals ist." Bei Cassino umfasste die 1. Fallschirmjägerdivision den Divisionsstab (General Heidrich) und das 1.-Fallschirmjägerregiment (Oberst Schultz) mit dem 1. (Major von der Schulenburg), 2. (Major Groschke) und 3. Bataillon (Major Becker). Das 3. Fallschirmjägerregiment unter Oberst Heilmann umfasste das 1. (Major Böhmler), 2.-(Major Foltin) und 3. Bataillon (Major Kratzert). Das 4. Fallschirmjägerregiment unter dem Kommando Oberst Walthers bestand aus dem 1. (Hauptmann Beyer), 2. (Hauptmann Hübner) und 3. Bataillon (Hauptmann Maier). Dazu kamen als weitere Teile der Division das 1. Fallschirmjäger-Artillerieregiment (Major Schramm), das 1. Pionierbataillon (Hauptmann Fromming), das 1. Fallschirm-Panzerjägerbataillon (Major Bruckner), das 1. Fallschirmjäger-Maschinengewehrbataillon (Major Schmidt) und die Fallschirmjäger-Sanitätsabteilung (Oberst Dr. Eiben).*

Rechts: *Das alliierte Bombardement erledigte die deutschen Verteidiger nicht. Die Ruinen wurden vom 16.bis18. Februar von Einheiten der indischen 7. Brigade angegriffen. Sie wurden durch eine Kombination von Artillerie und Handfeuerwaffen der Fallschirmjäger knapp zurückgeschlagen.*

grund der Sichtung deutscher Truppen innerhalb ihrer Mauern sowie feindlicher Geschützstellungen in der Nähe forderte Freyberg Luft- und Artillerieangriffe. Am 15. Februar schlugen 230 Bomber und die Artillerie des II. Corps auf die historische Stätte ein. Ein Teil der Abtei und ihrer Außenmauern wurde zerstört, doch nicht die unterirdischen Räume, wo die Verteidiger Schutz suchten. Als die indische 4. Division daher in der Nacht des 15. Februar angriff, erlitt sie schwere Verluste. In den nächsten drei Tagen versuchte sie es immer wieder, erreichte aber nichts. Die neuseeländische 2. Division, unterstützt von der Artillerie der 34. und 36. Infanteriedivision, war zwar ein Stück weit in Cassino eingedrungen, doch die Verluste dabei stoppten weitere Operationen.

In der folgenden Kampfpause konnten die Deutschen ihre Verteidigungsstellungen neu organisieren. Am 20. Februar zog Generalmajor Richard Heidrichs 1. Fallschirmjägerdivision nach Cassino und in die Abtei. Die Stadt selbst wurde

Rechts: *Generalmajor Richard Heidrich (stehend) mit Generalfeldmarschall Albert Kesselring Mitte 1944 in Italien. Heidrich erhielt am 20. Februar das Kommando des Cassino-Sektors. Cassino und der Monte Cassino wurden Oberst Heilmanns 3. Fallschirmjägerregiment anvertraut (Heilmann sollte am 17. November 1944 den Befehl über die 5. Fallschirmjägerdivision erhalten). Die dritte Schlacht von Cassino begann am 15. März. 775 alliierte Maschinen bombardierten Cassino und seine unmittelbare Umgebung und trafen deutsche Artillerie, Versorgungszentren und Brücken. Danach eröffnete die alliierte Artillerie das Feuer. Das Bombardement der Stadt dauerte bis 15.30 Uhr, das der Ruinen der Abtei jedoch ging bis in die Morgenstunden des 16. März weiter. Der Fallschirmjäger-Kommandeur, Hauptmann Foltin, begab sich mit seiner 6. Kompanie zu Beginn des Beschusses in eine nahe Höhle. So rettete er sie. Später erhielt er für das Auschalten von 10 feindlichen Tanks und das Halten einer exponierten Stellung vom 15. bis 20. März das Ritterkreuz.*

vom 3. Fallschirmjägerregiment unter Oberst Ludwig Heilmann besetzt. Die Division war nicht voll bemannt, sie hatte bei den Kämpfen um Ortona Verluste erlitten. Die Durchschnittsstärke ihrere Bataillone betrug etwa 200 Mann.

## Eine Zitadelle aus Stein

Der Monte Cassino liegt 518 m über dem Meeresspiegel und beherrscht die umliegende Gegend sowie die Nationalstraße 6, die sich um den Hügel des Klosters wand. Er liegt über der Stadt Cassino, ist aber nicht die einzige Erhebung des Gebiets. Er ist von anderen Gipfeln und Hügeln umgeben, die alle Schauplatz schwerer Kämpfe werden sollten. Genau hinter der Stadt lag der Schlossberg, auf dessen Gipfel die verfallene Festung Rocca Janula, der „Point 193" der Alliierten, stand. An den Hängen des Monte Cassino war der „Henkerberg", der „Point 435", 1 km nordwestlich der „Point 593" oder „Kalvarienberg" und im Norden davon der „Schlangenkopfberg" oder „Point 445".

Für die nächste Offensive versammelten die Alliierten ein gewaltiges Arsenal. Der Oberbefehlshaber ihrer Luftstreitkräfte im Mittelmeerraum, General Eaker, hatte Anweisung, jeden verfügbaren Bomber der Region einzusetzen, und der Quartiermeister der 5. US-Armee hatte 600.000 Arilleriegranaten gesammelt. Freyberg plante den Angriffseinsatz der indischen 4. und der neuseeländischen 2. Division in einem kleinen Gebiet. Die Neuseeländer soll-

**Oben:** *In den Ruinen Cassinos. Das Leben war für die Verteidiger gefährlich. Schutt bedeckte das Areal und begrub die Fallschirmjäger oft lebendig. Ein in der Abtei stationierter Überlebender der 1. Fallschirmjägerdivision beschrieb einen typischen Tag während der Kämpfe: „Die Sonne verlor ihren Glanz, ein unheimliches Zwielicht setzte ein. Es war wie das Ende der Welt. Kameraden wurden verwundet, lebendig begraben, wieder ausgegraben und ein zweites Mal verschüttet. Ganze Züge und Gruppen wurden durch direkte Treffer ausgelöscht. Verstreute Überlebende, halb verrückt durch die Explosionen, taumelten betäubt umher, bis sie von einer Explosion erfasst wurden oder verschwanden. Andere stürmten kopfüber zum Feind, um dieser Hölle zu entkommen."*

**Links:** *„Wir hatten viele leicht Waffen wie Gewehre, Maschinenpistolen, Handgranaten und Panzerabwehrwaffen. Leider wurde all unsere schwere Ausrüstung beim Luft- und Artilleriebombardement zerstört, das die Alliierten bei Cassino und in seiner Umgebung veranstaltet hatten." (Oberjäger Kusch, 1. Fallschirm-Panzerjägerbataillon)*

ten Cassino und den Point193 einnehmen, die Inder erhielten den Auftrag, die steilen Abhänge des Monte Cassino zu stürmen und die Abtei zu nehmen. Die britische 78. Division sollten zu beiden Seiten Sant'Angelos den Rapido überqueren und ins Liri-Tal vorstoßen.

## Die dritte Schlacht von Cassino

Das Luftbambardement begann am 15. März um 8.30 Uhr und stoppte um 12.30 Uhr. Darauf folgte ein massives Artilleriesperrfeuer aus 746 Geschützen, die die Stadt mit über 200.000 Granaten eindeckten. Das 2. Bataillon des 3. Fallschirmjägerregiments unter Major Foltin war in der Stadt stationiert. Die Hauptwucht des Angriffs traf es. Von 300 Mann wurden 160 getötet, verwundet oder verschüttet. Dann begann die neuseeländische 2. Division mit Panzerunterstützung ihren Angriff. Sie traf sofort auf starkes Feuer. Dies kam völlig unerwartet – die Alliierten hatten geglaubt, die nach dem Luft- und Artillerieangriff noch lebenden Verteidiger wären psychologisch so zerrüttet, dass sie keinen weiteren Widerstand leisten könnten.

Bis zum Abend hatten die Neuseeländer den Point 193 genommen, hatten aber die Fallschirmjäger, besonders jene im Hotel Excelsior und um den Bahnhof, nicht aus der Stadt jagen können. Zudem hatte das Bombardement den Boden so aufgewühlt, dass die alliierten Panzer die Infanterie nicht unterstützen konnten. Zusätzlich lenkte Heidrich das Feuer des Artillerieregiments der Division und des 71. Granatwerferregiments um Cassino herum. Dies sowie eine Abteilung von 88-mm-Luftabwehrkanonen nahe Aquino schwächten den Angriff der Neuseeländer ganz erheblich.

Am Abend des 15. März rückte die indische 4. Division über Point 193 bis zum Point 165 vor. Dadurch entstand in den Verteidigungstellungen des Monte Cassino, zu diesem Zeitpunkt gehalten vom 1. Bataillon des 3. Fallschirmjägerregiments, eine Lücke, da die 2. Kompanie des Bataillons an Point 193 vernichtet worden war. Die indischen Truppen versuchten vergeblich, Point 236 zu nehmen, doch eine Abteilung Gurkhas eroberte Point 435, 400 m von der Ab-

**Unten:** *Eine Krad-Mannschaft in den Ruinen Cassinos. Am 19. März zerstörten die Fallschirmjäger an den Hängen des Monte Cassino in verzweifeltem Nahkampf 17 neuseeländische Tanks. Ihre verbissene Gegenwehr veranlasste am 20. März den Premierminister Winston Churchill, General Alexander zu befragen, weshalb es bei Cassino keine Fortschritte gebe. Der General erwiderte, das Bombardement habe die Leistungsfähigkeit der Tanks in der Stadt erheblich verringert. Er zollte auch der Ausdauer und dem Widerstand der deutschen Fallschirmjäger Anerkennung, die dem massiven Artilleriebeschuss und den Luftangriffen durch die gesamte Stärke der alliierten Luftstreitkräfte in Italien widerstanden hatten.*

tei entfernt. In Cassino nahmen alliierte Truppen am 17. März den Bahnhof, sodass die Stadt fast eingekreist war. Die Fallschirmjäger unternahmen von der Abtei aus in der Nacht des 18./19. März einen Gegenangriff. Das 1. Bataillon des 4. Fallschirmjägerregiments attackierte Point 193. Doch nach hartem Kampf mussten sich die Paras zurückziehen.

Wegen des heftigen Widerstands hielt Alexander am 21. März eine Besprechung ab, in der ein Stopp der Offensive erwogen wurde. Freyberg war dagegen, doch brachten neuerliche neuseeländische Angriffe am folgenden Tag keinen Erfolg, und Alexander stellte daher am selben Tag den Kampf ein. Die zeitweilige Einstellung der Feindseligkeiten erlaubte beiden Seiten, sich neu zu organisieren. In der dritten Märzwoche begannen die Alliierten die Operation „Strangle". Diese sollte durch Luftbombardement von Brücken, Straßen und Bahngeleisen die deutschen Nachschubrouten blockieren. Inzwischen wurde die deutsche 10. Armee umgruppiert. Das XIV. Panzerkorps unter General von

**Links:** *Eine Hauptursache für den Erfolg der Fallschirmjäger bei Cassino waren der Mut und die Initiative der niedrigeren Befehlsränge. Einer von ihnen war Oberleutnant Siegfried Jamrowski, 6. Kompanie, 3. Fallschirmjägerregiment. Mitte März verteidigte sein Regiment die Stadt Cassino. Nach schwerem Beschuss wurde er unter Schutt begraben udn nach 12 Stunden wieder ausgegraben. Er übernahm den Befehl über seine eigene und die 8. Kompanie, hemmte den Vormarsch des Feindes und bildete eine neue Verteidigungslinie, wodurch die Flanken der im Zentral- und Südwestbereich stationierten Fallschirmjäger-Einheiten gedeckt waren. Sein rasches Eingreifen verhinderte den Fall der Stadt. Jamrowski erhielt das Ritterkreuz.*

**Oben:** *Die vierte Schlacht von Cassino begann am 11. Mai 1944. Die polnische 15. karpatische Brigade, Teil der polnischen 3. Division, nahm den wichtigen Kalvarienberg ein, verlor ihn aber nach vier verzweifelten Angriffen deutscher Fallschirmjäger wieder. Major Kurt Veth, 3. Fallschirmjägerregiment, schilderte in seinem Tagebuch die Art des Kampfs: „Große Zahl Toter am Hang. Gestank, kein Wasser, kein Schlaf. In der Kampfkommandostelle werden Amputationen durchgeführt."*

Senger-Etterlin erhielt den Gesamtbefehl von der Westküste bis zum Fluss Liri, die Divisionen zwischen dem Liri und Alfedena kamen unter General Feuersteins LI. Gebirgskorps. Das Cassino-Gebiet wurde weiter von der 1. Fallschirmjägerdivision verteidigt, doch das 4. Fallschirmjägerregiment besetzte nun die Stadt und den Hügel selbst. Das 3. Fallschirmjägerregiment wurde im Nordwesten stationiert, das 1. mit zwei angeschlossenen Panzergrenadierbataillonen als Divisionsreserve im rückwärtigen Gebiet.

Auch die alliierte 15. Army Group gruppierte ihre Einheiten um. Das französische Expeditionskorps wurde in den oberen Bereich des Garigliano verlegt, wo es den Brückenkopf des britischen X. Corps übernahm. General Anders polnisches II. Korps zog auf die Hügel nördlich Cassinos und das II. US-Corps (85. und 88. Division) stand am unteren Garigliano. Das Neuseeland-

**Rechts:** *Ein deutscher Panzer in Cassino. Die Männer des XIV. Panzerkorps benutzten die Gebäude meisterhaft als Deckung für ihre Tanks. Auch die alliierten Tanks konnten verheerend wirken. In der vierten Schlacht von Cassino etwa vernichtete die britische 2. Panzerbrigade in Unterstützung des Angriffs der 15. karpatischen Brigade die Fallschirmjäger der 3. Kompanie des 3. Fallschirmjägerregiments.*

Corps wurde vom britischen XIII. Corps mit dem kanadischen I. Corps dahinter abgelöst. Das britische X. Corps ging an den oberen Rapido. So war im Cassino-Gebiet ein Großteil der britischen 8. Armee versammelt.

Am 11. Mai 1944 begann der Angriff der 5. und 8. Armee nach dem üblichen massiven Luft- und Artilleriebombardement – die vierte Schlacht von Cassino. Im Süden des Cassino-Gebiets, besonders im französischen Sektor, kamen die Alliierten gut voran. Anders Korps jedoch ging es schlecht. Seine 5. Division hatte in der Nacht des 11./12. Mai gegen Sant'Angelo attackiert, wurde aber zurückgeschlagen. Seine 3. Division hatte Point 593 genommen, doch den 12. Mai hindurch griffen die deutschen Fallschirmjäger die Polen an und warfen sie vom Hügel. Am 13. und 14. Mai griffen die Polen wieder an, doch die Zähigkeit der Fallschirmjäger und die deutsche Artillerie besiegte sie. Zudem saßen in Beobachtungsposten auf dem Gipfel des Monte Cifalco (914

**Oben:** *Fallschirmjäger in ihren letzten Tagen in Cassino. „Am 17. Mai waren General Guillaumes Marokkaner bereits 40 km durch die Front, und General Anders erneuerte seine Angriffe auf die 1. Fallschirmjägerdivision. In der Schlacht, die zehn Stunden lang hin und her wogte, war der Kalvarienberg besonders umkämpft. Einmal mehr erlitten die tapferen Polen schwerste Verluste und konnten ihr Ziel doch nicht erreichen. Ebenso erfolglos waren alle Versuche der britischen 4. Division, die Stadt Cassino gegen den Widerstand des deutschen 4. Fallschirmjägerregiments zu nehmen." (Rudolf Böhmler)*

**Links:** *Das felsige Terrain um den Monte Cassino half den Verteidigern und verursachte unter den Angreifern schwere Verluste. Zudem kontrollierten die Deutschen im Norden die Anhöhen des Monte Cifalco, was ihnen einen Überblick über das gesamte Offensivgebiet des polnischen II. Korps verschaffte.*

**Oben**: *Ein einsamer britischer Soldat eskortiert nach dem Fall Cassinos und der Abtei im Mai 1944 zwei deutsche Gefangene. Durch den Durchbruch des Französischen Expeditionskorps und des II. US-Corps weiter südlich lief die deutsche 10. Armee Gefahr, eingekesselt zu werden. Feldmarschall Kesselring befahl daher am 17. Mai die Evakuierung der gesamten Cassino-Front. In der folgenden Nacht begann die 1. Fallschirmjägerdivision, westwärts über die Berge abzuziehen. Am Morgen des 18. Mai stürmten die Polen die Ruinen der Abtei. Die Verluste beider Seiten im Cassino-Sektor betrugen 200.000 Gefallene oder Verwundete. General Harold Alexander sagte über die Fallschirmjäger, die Cassino verteidigten: „Es gibt keine andere Truppe in der Welt, die ihre Stellungen mit der gleichen Halsstarrigkeit und Tapferkeit verteidigen würde. Sie sind kühne, gut ausgebildete Männer, gehärtet in zahlreichen Kämpfen und Feldzügen."*

Meter hoch) deutsche Kanoniere, die den Offensivbereich des polnischen II. Korps überblickten. Die Entwicklung an der rechten Flanke der 1. Fallschirmjägerdivision bereitete den Deutschen allerdings Sorge.

Am 17. Mai nahmen Einheiten des britischen XIII. Corps Piumarola, erreichten die Via Casilina und schnitten so die rückwärtigen Verbindungen der Division ab. Und die Franzosen hatten am 16. Mai den Monte Petrella eingenommen und standen am 19. Mai genau südlich von Pico. Die Deutschen wankten, als das II. US-Corps Formia (17. Mai) und Monte Grande (19. Mai) nahm. Monte Cassino war nun der letzte Pfeiler der deutschen Verteidigung.

General Anders erneuerte am 17. Mai seinen Angriff. Es folgte eine zehnstündige Schlacht um den Kalvarienberg. Die Fallschirmjäger wehrten alle polnischen Angriffe ab, ebenso die Versuche der britischen 4. Division, die Stadt darunter einzunehmen. Sie lieferten einen heroischen Kampf. Dabei hatte Monte Cassino längst seine taktische Bedeutung verloren. Wegen des tiefen Eindringens der II. US-Corps und des französischen Expeditionskorps drohte die 10. Armee vom Süden her eingekreist zu werden (sie hatte in drei Tagen 40 Prozent ihrer Kampfstärke verloren). Am 17. Mai befahl Kesselring, die gesamte Cassino-Front zu evakuieren. In der folgenden Nacht begann die 1. Fallschirmjägerdivision den Rückzug westwärts über die Berge. Als Truppen des 12. Podolski-Regiments am Morgen des 18. Mai die Ruinen der Abtei stürmten, fanden sie nur schwer verwundete Paras, die man nicht evakuiert hatte.

Die Deutschen hatten bei der Verteidigung des Cassino-Sektors 25.000 Mann verloren, 1000 Polen waren allein bei den Angriffen auf Monte Cassino gefallen. Die 1. Fallschirmjägerdivision war angeschlagen, konnte sich aber erfolgreich zurückziehen, um weiter nördlich zu kämpfen, während die deutschen Truppen zurückwichen. Sie ließen eine Legende hinter sich zurück.

**Oben:** *Eine Fallschirmjäger-50-mm-Pak-38 in Italien gegen US-Tanks in Aktion. Beachten Sie die Vielfalt der Springerblusen, die die Geschützmannschaft trägt.*

# ITALIEN II: KÄMPFENDER RÜCKZUG

*Nach ihren Heldentaten bei Cassino und Anzio zogen die Fallschirmjägerdivisionen in Italien nordwärts ab, um neben den Kameraden vom deutschen Heer Stellungen an der Goten-Linie einzunehmen. In der zweiten Hälfte des Jahres 1944 hatten die Alliierten in Italien große Überlegenheit an Männern und Material, doch standen noch schwere Kämpfe bevor.*

**Links:** *Ein Fallschirmjäger-Maschinengewehrtrupp 1944 in den Hügeln Norditaliens im Kampf. Man sieht deutlich die Druckknöpfe am unteren Rand der Springerbluse. Die behandschuhte Hand rechts gehört vermutlich einem Offizier oder Unteroffizier, der das Feuer lenkt.*

Am Ende der ersten Augustwoche 1944 stand die britische 8. Armee am Ponte Vecchio und überquerte im kürzlich befreiten Florenz den Arno. Gemeinsam mit der 5. US-Armee hatte sie gerade einen Feldzug abgeschlossen, der die Truppen der Achse in Italien auf vollem Rückzug hielt. Die alliierten Führer waren zuversichtlich, die Deutschen in Kürze aus dem Nord-Apennin zu werfen, durch die Po-Ebene zu stoßen und in die Alpen, auf den Balkan und vielleicht nach Österreich vorzudringen.

Im Juni 1944 hatten die Alliierten Rom befreit und ein zweimonatiger Sommerfeldzug hatte den Feind 240 km nördlich des Arno getrieben. Dann trafen sie auf die Goten-Linie, eine 24 bis 48 km lange Reihe befestigter Pässe und Berggipfel nördlich des Arno, die sich vom Ligurischen Meer über Pisa, Florenz und weiter erstreckte. Weiter östlich, entlang der Adraiküste, wo sich der Nord-Apennin in eine breite Küstenebene senkt, befanden sich die Stellungen der Gotenlinie an den vielen Flüssen, Strömen und anderen Wasserwegen, die von den Bergen zum Meer verlaufen. Bologna war als Haupt- Eisenbahn- und Straßenverbindungszentrum genau nördlich des Verteidigungsgürtels ein Schlüssel zu der Linie.

Da sie nach der alliierten Invasion Frankreichs am 6. Juni 1944 etliche Veteranen-Divisionen an den Nordwestschauplatz abtreten mussten, hätten die Briten und Ameikaner für den Rest des Kriegs an der Goten-Linie stehen bleiben können, sobald sie sie erreicht hatten. Dann aber hätten die Achsen-Kommandeure ihre Stellungen mit minimalen Kräften halten und Einheiten für den Einsatz anderswo freisetzen können. Zudem war der britische Premierminister Winston Churchill zunehmend über die Schnelligkeit des sowjetischen Vorrückens an der Ostfront alarmiert. Er hielt dies für eine Bedrohung westlicher Interessen in Osteuropa und britischer Interessen im Mittelmeerraum. Deshalb wollte er bis in die Po-Ebene stoßen, auf den Balkan und nordwärts durch die Lücke bei Ljubljana ziehen und vor der Roten Armee das Donautal, Österreich und Ungarn erreichen. (Die USA teilten zu dieser Zeit Churchills Sorgen be-

**Links:** *Ein 80-mm-Granatwerfer (Mörser) an der Goten-Linie in Aktion. Der GrW 34 wurde von den Deutschen an allen Fronten benutzt und erwies sich als sehr genau. In den Händen einer gut ausgebildeten Mannschaft konnte er bis zu 25 Schuss pro Minute abfeuern. Er wog 62 kg und wurde meist von drei Mann bedient. Es gab eine Reihe von Varianten, darunter den GrW 42 Stummelwerfer (vgl. Kapitel 2). Aufgrund des kürzeren Rohres betrug die Reichweite 1100 anstatt 2400 m. Ab 1943 war er einsatzbereit, doch kämpften die Fallschirmjägerdivisionen zu dieser Zeit als Bodentruppen. So wurden nur 1591 Stück hergestellt, alle im Jahr 1943.*

**Oben:** *Die Fotos dieser Seite zeigen Männer der 4. Fallschirmjägerdivision mit italienischen Fallschirmjägern im Jahr 1944. Größere Zahlen Italiener der Folgore- und Nembo-Fallschirmjägerdivision gingen nach dem Waffenstillstand mit den Alliierten zu den Deutschen. Sie kämpften später tapfer an deren Seite und bewiesen, dass italienische Soldaten so gut wie alle anderen kämpfen können, wenn sie die richtige Ausrüstung und Führung erhalten.*

züglich der Sowjetunion nicht). Jedenfalls planten die Alliierten weitere Offensivoperationen im Nord-Apennin, um die Goten-Linie zu durchbrechen.

Im August 1944 befehligte Field Marshal Sir Harold Alexander die 15. Army Group. Diese umfasste Lieutenant-General Mark Clarks 5. US-Armee, bestehend aus dem IV. und II. Corps, die den Westabschnitt der alliierten Linie vom Ligurischen Meer an der Mündung des Arno bis zu einem Punkt genau westlich von Florenz hielt. Im Osten stand Lieutenant-General Sir Oliver Leeses größere 8. Armee, bestehend aus dem polnischen II. Korps, dem kanadischen I. Corps und dem britischen V., X. und XIII. Corps. Sie hielt eine Linie vom Gebiet von Florenz bis genau südlich von Fano an der Adria.

Die Truppen der Achse in Italien waren in der Heeresgruppe C organisiert und wurden von Generalfeldmarschall Albert Kesselring kommandiert. Ge-

**Rechts:** *Italienische und deutsche Mitglieder der 4. Fallschirmjägerdivision. Das Foto zeigt die Mischung an Kleidung, die gegen Ende des Kriegs in Italien bei den Fallschirmjägereinheiten typisch wurde (von links nach rechts): Infanteriehelm und graugrüne Fallschirmspringerbluse, italienischer Fallschirmjägerhelm mit deutscher gescheckter Springerbluse.*

genüber Clarks 5. US-Armee stand Generalleutnant Joachim Lemelsens 14. Armee, die zehn Divisionen des I. Fallschirmjäger- und des XIV. Panzerkorps enthielt. Weiter östlich stand gegnüber der britischen 8. Armee die 10. Armee unter General Heinrich von Vietinghoff. Sie bestand aus zwölf Divisionen des LXXVI. Panzer- und des LI. Gebirgskorps. Weiter Achsenkräfte in Norditalien waren die Ligurische Armee und das Adria-Kommando, die zahlreiche Anti-partisanen- und Reserve-Einsätze durchführten.

General Leese war für einen Angriff der 8. Armee die Adriaküste hinauf bis Rimini, um Achsen-Einheiten von der Front der 5. Armee abzuziehen. Clark konnte dann von Florenz aus direkt nordwärts in Richtung Bologna die Goten-Linie attackieren und beide Armeen konnten sich dann Bologna nähern, es erobern und sodann die Achsenkräfte in der Poebene einkreisen und vernichten. Die Operation erhielt den Decknamen „Olive".

Die Operation begann am 25. August 1944. Das britische V. und das kanadische I. Corps griffen entlang der Adria an. Unterstützt von der britischen De-

**Unten:** *Im Panzerturm. Die Deutschen gruben im Italienfeldzug manche Tanks bis zu den Türmen ein und schufen so Panzerabwehrstellungen. Der Gefreite Herbert Fries vom 1. Fallschirm-Panzerjägerbataillon etwa, der Kanonier eines solchen Tanks war, half den Rückzug der 1. Fallschrmjägerdivision aus dem Cassino-Gebiet zu decken. Fries war westlich von Piedimonte stationiert und schoss zwischen dem 21. und 23. Mai 1944 20 Sherman-Tanks ab, wofür er das Ritterkreuz erhielt.*

**Oben:** *Ein Fallschirmjäger stürmt während des deutschen Rückzugs in Italien in der zweiten Jahreshälfte 1944 in Deckung. In dieser Phase wurde der Kommandeur der 1. Fallschirmjägerdivision, Generalmajor Richard Heidrich, Befehlshaber des I. Fallschirmjägerkorps und Oberst Karl-Lothar Schulz erhielt das Kommando über die Division. Letzterer zeichnete sich bei Anzio und beim Rückzug nach Norditalien aus. Er erhielt zu seinem Ritterkreuz das Eichenlaub und Schwert. In dieser Phase erhielten die 1. und die 4. Fallschirmjägerdivision zusätzliche Feuerkraft, die 1. das 1. Fallschirm-Granatwerferbataillon und die 4. das 4. Fallschirm-Granatwerferbataillon.*

sert Air Force, gewann die Offensive rasch an Boden und bis zum 30. August waren alliierte Truppen nahe der Küstenstadt Pesaro in die Gustav-Linie eingedrungen. Doch Kesselring stopfte die Lücke bald mit der 26. Panzer-, 29. Panzergrenadier- und 356. Infanteriedivision. Durch scheinbar endlose Flüsse und Kämme sowie Schlechtwetter hatten die Achsen-Truppen bis zum 3. September die 8. Armee kurz vor ihren Zielen, Rimini und der Romagna, gestoppt.

Clark wollte seinen Teil der Operation Olive am 10. September 1944 mit einem Angriff der beiden Korps unter seinem Befehl starten. Wie erwartet begannen sich die Deutschen einige Tage vor dem Vorstoß an die Goten-Linie zurückzuziehen und der anfängliche Widerstand war gering. Doch als die vorrückenden Truppen die Berge erreichten, wurden die Kämpfe heftiger. Der Angriff der 8. Armee im Osten hatte die meisten feindlichen Einheiten außer drei Regimentern der 4. Fallschirmjägerdivision des I. Fallschirmjägerkorps von den Gebieten des Futa- und des Il-Giogo-Passes abgelenkt. Im Westen standen dem IV. US-Corps nur die 362. und die 65. Infanteriedivision gegenüber.

Berggipfel, Ströme, tiefe Täler und Kämme begünstigten Aktionen kleiner Einheiten. Die Paras leisteten wie gewohnt harte Gegenwehr. Sie hatten den Futa-Pass stark befestigt, wurden aber von US-Angriffen gegen den Il Giogo-Pass und den benachbarten Monticelli-Kamm und Monte Altuzzo überrascht. Am 18. September zog das I. Fallschirmjägerkorps nach harten Kämpfen zu den nächsten Kämmen weiter. Ermutigt durch den Durchbruch der Goten-Linie zumindest in einem Abschnitt setzten die Amerikaner ihre Offensive fort. Die Paras verteidigten jede Stellung in heftigen Kämpfen kleiner Einheiten.

Während die 5. Armee ihre Offensive fortsetzte, nahm die britische 8. Armee die Operation Olive am 12. September wieder auf. Ohne überwältigende

**Links:** *In Italien auf Parade. Der Mann nächst der Kamera trägt das Spanische Kreuz, das auf den Dienst in der deutschen Legion Condor im Spanischen Bürgerkrieg verweist. Er trägt auch das zweite Modell der vorn geschnürten Springerstiefel, die 1939 kurz nach Kriegsausbruch eingeführt wurden. Die Stiefel waren konventionell geschnitten und besaßen Ledersohlen und -absätze, die meist beschlagen waren. Die ursprünglichen Springerstiefel wurden seitlich geschnürt und sollten den Knöcheln zusätzlich Halt geben. Sie waren aus schwarzem oder aus dunkelbraunem Leder gefertigt, die Sohlen und Absätze waren aus Gummi und hatten ein Profil mit Winkelmuster. Jeder Stiefel trug 12 Schnürlöcher und reichte genau bis zur Mitte des Unterschenkels. Die seitlich geschnürten Stiefel wurden bis einschließlich zur Schlacht um Kreta 1941 getragen. Danach wurden sie selten, da sich die Vorräte erschöpften.*

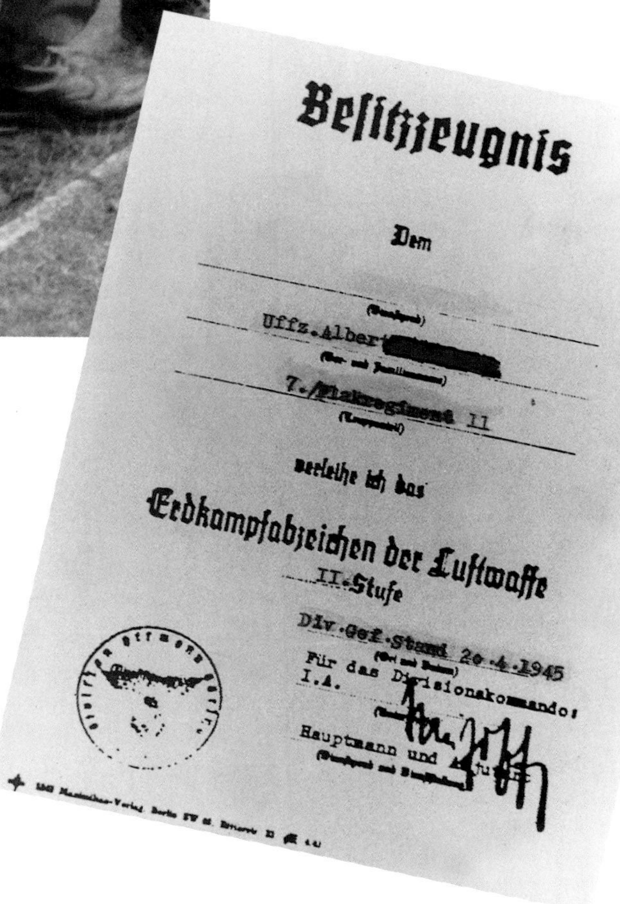

Besitzzeugnis

Dem

Uffz.Albert [redacted]

7./[redacted]regiment II

verleihe ich das

Erdkampfabzeichen der Luftwaffe

II.Stufe

Div.Gef.Stand 20.4.1945

Für das Divisionskommando:

I.A.

Hauptmann und

**Rechts:** *Besitzzeugnis für das Erdkampfabzeichen der Luftwaffe, das man auf Seite 125 oben sieht. Es wurde an den Unteroffizier Hauser (der dann seinen Namen auf dem Dokument schwärzte, um seine Anonymität zu wahren) vom 2. Flak-Regiment verliehen. Er errang später das „50-er"-Kampfabzeichen. Beim Heer trugen die Kampfabzeichen die Zahl. Es gab zwei Modelle, eines für 25 und für 50, das andere für 75 und 100 Erdkampfeinsätze. Die Abzeichen der Luftwaffe waren dagegen für alle Grade identisch. In den späteren Kriegsphasen kämpften viele Luftwaffen-Einheiten neben Heeres- und Waffen-SS-Verbänden. Das Abzeichen hier ist mit 20. April 1945 datiert.*

**Rechts:** *Das Erdkampfabzeichen 25. Der zentrale obere Teil besteht aus Wolken, aus denen ein Blitz in den Boden schlägt, davor der fliegende Adler der Luftwaffe. Die Ziffern im Rechteck unten bezeichnen die Zahl der Bodenkämpfe, an denen der Empfänger teilnahm. Beiderseits des Zahlenschilds ragt die Spitze eines Eichenblattes über ein einzelnes Blatt hervor. Von diesem ausgehend bilden je sieben Büschel aus je drei Eichenblättern den Kranz, der sich nach oben hin leicht verjüngt, ehe die Spitzen in der Mitte aufeinander treffen. Mitglieder von Fallschirmjägereinheiten und Sturmgeschützverbänden waren berechtigt, die Abzeichen mit Zahlen zu erhalten.*

**Links:** *Ein nicht identifizierter Angehöriger der Luftwaffe mit dem Erdkampfabzeichen. Es wurde am 31. März 1942 eingeführt, um Mitglieder der Luftwaffe, die an Militäroperationen zur Unterstützung des Deutschen Heeres beteiligt waren, auszuzeichnen. Hatte jemand vor der Einführung dieses Abzeichens ein Heeresabzeichen wie das Allgemeine Sturmabzeichen, das Infanteriesturmabzeichen oder das Panzersturmabzeichen erhalten, so wurde es gegen dieses Abzeichen getauscht. Bedingung für die Verleihung waren: Teilnahme an drei Kämpfen an drei Tagen, Verwundung bei einer Aktion, für die man das Abzeichen erhalten konnte, Verleihung einer Auszeichnung für eine dieser Aktionen. Im Kampf getötete Luftwaffe-Mitglieder erhielten es automatisch. Auch Männer von Fallschirmjäger- und Sturmgeschützeinheiten konnten es erhalten, falls sie die genannten Anforderungen erfüllten.*

Übermacht an Tanks, Flugzeugen und Männern durchschlugen das britische V. und das kanadische I. Korps die von der 29. Panzergrenadier- und 1. Fallschirmjägerdivision besetzten Verteidigungslinien, um am 21. September Rimini, das Tor zur Romagna, zu erobern. Gegen zähen Widerstand, bei schwerem Regen und Schlamm setzte die 8. Armee ihren Angriff fort und startete eine dreimonatige Operation, genannt die „Schlacht der Flüsse". Sie kam wegen der widrigen Bedingungen nur langsam voran.

**Oben:** *Fallschirmjäger schleppen Tellerminen zur Front. Dieser Typ von Panzermine bestand aus einem flachen Metallzylinder mit einem gefederten Verschluss, der durch Druck von oben ausgelöst wurde. Die Sprengladung bestand meist aus TNT oder Amatol und die Minen wurden 5 bis 10 cm unter der Erdoberfläche verlegt. Die Deutschen entwickelten auch eine Vielzahl von hochwirksamen Personenminen, die beim Auslösen Schrapnellladungen freisetzten.*

## Das Wetter wird schlechter

Neben dem deutschen Widerstand beeinträchtigte auch Schlechtwetter das Fortkommen Clarks. Nebel und Dunst verringerten die Sichtweite drastisch und Regengüsse ließen die Flüsse anschwellen, unterspülten Brücken und erzeugten Morast, der die Bewegung von Truppen und Versorgung über Gebirgspfade tückisch machte. Vom 5. bis 9. Oktober etwa stießen Einheiten der 8. Armee nur 4,8 km vor und hatten dabei 1400 Mann Verluste. Doch auch die Deutschen bezahlten für ihre Hartnäckigkeit, besonders bei Gegenangriffen. Kesselring befahl deshalb, besser durch Eingraben und Verteidigung in die Tiefe die Mannstärke zu schonen als zu versuchen, verlorene Bergspitzen wieder zu gewinnen (falls die Amerikaner vor dem Winter aus dem Apennin vorrückten und die Po-Ebene erreichten, wären die Achsentruppen in Italien verloren).

Ein heftiger Kampf entwickelte sich auf dem Livergnano, einer steilen ostwestlichen Linie von einzelnen Berggipfeln, der stärksten natürlichen Stellung des Feindes im Nordapennin. Der Angriff des II. US-Corps begann am 10. Oktober. Die 85. Division führte die Hauptattacke gegen den Monte delle Formiche im Zentrum der Abdachung, während die 91. und die 88. Division Druck auf die Flanken des Feindes ausübten. Verteidiger waren die 4. Fallschirmjäger-

divison und die 94., 362. und 65. Infanteriedivision. Unterstützt durch Luftschläge konnte die 85. Division an jenem Tag den Monte delle Formiche nehmen, während die 91. Division den Livergnano vom Westen her umging und die Einheiten der Achse im Gebiet am 13. Oktober zum Rückzug zwang. Trotzdem stoppten feindlicher Widerstand, zerklüftetes Terrain und Schlechtwetter den Vorstoß des II. Corps 16 km vor Bologna.

## Den Alliierten geht der Dampf aus

Kesselrings Stab drängte ihn, sich in die besser zu verteidigenden Alpen zurückzuziehen. Doch wegen der Erfolge der Roten Armee an der Ostfront und der Alliierten in Nordwesteuropa befahl Hitler dem Feldmarschall, seine Stellung zu halten. Für die Fallschirmjäger war es gewohnter Tobak, als sich die Amerikaner ihren Weg von Berg zu Berg kämpften und polnische, kanadische, indische und britische Truppen am 15. Oktober in Fortsetzung der „Schlacht der Flüsse" nördlich Riminis angriffen. Doch auch die Alliierten konnten erschöpfende Operationen nicht endlos aufrechterhalten. Zwischen dem 10. September und 26. Oktober erlitten etwa die vier Divisionen des II. US-Corps über 15.000 Mann Verluste, die 8. Armee verlor fast 14.000 Mann.

Anfang Januar 1945 stoppten die Alliierten in Italien Militäroperationen großen Stils. Zusätzlich zu dem schlechten Wetter waren fünf Divisionen der 8. Armee und ein Korpsstab nach Nordwesteuropa und Griechenland verlegt worden, was die alliierten Kapazitäten in Italien weiter verringerte. Alexander, Clark, Truscott und McCreery einigten sich deshalb darauf, in die Defensive zu gehen und die Wintermonate zur Vorbereitung neuer Offensivoperationen, die laut Plan am 1. April 1945 starten sollten, zu nutzen. Trotz zweimonatiger Planung und begrenzter Offensiven standen die Alliierten im Winter an einer Linie, die sich von der Ende Oktober 1944 wenig unterschied. Für den nahenden Frühling bereitete die 15. Army Group eine erneuerte Offensive vor, die sie in die Po-Ebene führen sollte. Trotz ihrer Unterlgenheit an Männern, Flugzeugen, Panzern und Artillerie hatten die Deutschen bemerkenswerte Tapferkeit und Spannkraft gezeigt.

Zu Beginn des Jahres 1945 standen den Alliierten in Italien immer noch entschlossene 24 deutsche und fünf faschistische italienische Divisionen gegen-

**Oben:** *Nahaufnahme eines Fallschirmjäger-Tarnhelms. Er sollte den Stoß einer harten Landung aushalten. Seine Form sollte auch verhindern, dass er sich in Fallschirmleinen oder Gurtzeug verfing. Die speziellen Hals- und Kinnriemen waren hinten und an den Seiten des Helms befestigt.*

**Links:** *Der Fallschirmjäger rechts mit dem Rücken zur Kamera trägt eine speziell für die deutsche Luftlandetruppe entwickelte Waffe, das von der Rheinmetall gebaute automatische 7,92-mm-Fallschirmjägergewehr-42 . Der seltsam geformte Kolben enthielt eine Stoßdämpfervorrichtung, die den Rückstoß verringern sollte.*

über. Zu deren besten zählten die des I. Fallschirmjägerkorps der deutschen 10. Armee. Die Fallschirmjäger waren nunmehr erfahrene Veteranen und gehörten zu relativ intakten Einheiten. Allerdings fehlten ihnen Fahrzeuge, Luftunterstützung und Ausrüstung. Die erste Verteidigungslinie der Achse entlang des Nordapennins schützte Bologna und blockierte den Zugang in die ost-westliche Po-Ebene 80 km weiter nördlich. Die zweite Linie folgte dem Po von seiner Quelle in Nordwestitalien ostwärts bis zur Adria. Die dritte Linie erstreckte sich in den Ausläufern der Alpen östlich und westlich des Gardasees. Nach dem gleichnamigen Fluss nannte man sie Adige-(Etsch-)Linie. Sie sollte einen letzten Rückzug nach Nordostitalien und Österreich schützen.

## Der letzte Vorstoß

Die letzte alliierte Offensive in Italien begann am 5. April 1945. An der Adria kämpften die 26. Panzer-, 98. Infanterie-, 362. Infanterie-, 4. Fallschirmjäger- und 42. Jägerdivision gegen Einheiten der 8. Armee. Am 18. April fiel die Argenta-Schlucht, sodass die gesamte Flanke der Achse bedroht war.

Im US-Abschnitt schlugen am Nachmittag des 15. April über 760 schwere Bomber der Mediterranean Allied Strategic Air Force auf von der 65. Division und der 8. Gebirgsdivision des XIV. Panzerkorps und der 1. Fallschirmjäger- und 305. Infanteriedivision des I. Fallschirmjägerkorps gehaltene Stellungen los. Die Deutschen kämpften weiter, wankten aber angesichts eines massiven Boden- und Luftangriffs. Am 18. April brach die Verteidigung der Achse und der Hauptteil der 5. US-Armee passierte westlich Bolognas. Zwei Tage darauf

**Oben:** *Sprengungen an der Goten-Linie, um den alliierten Vormarsch zu stoppen. Im September 1944 verteidigten drei Regimenter der 4. Fallschirmjägerdivision den Futa- und den Il-Giogo-Pass, als sie von der 91. und 85. US-Division angegriffen wurden. Nach sechs Tagen harten Kampfes zwischen dem 12. und 18. September nahmen die Amerikaner den Il-Giogo-Pass, den Monticelli-Kamm und den Monte Altuzzo. Doch verloren sie dabei 2730 Mann und vertrieben die Fallschirmjäger nur durch ihre überwältigende Feuerkraft vom Il-Giogo-Pass.*

**Links:** *Diese Männer gehören wahrscheinlich zur 4. Fallschirmjägerdivision. Man sieht auf dem Foto zwei Arten von Munitionsbehältern. Der Soldat links trägt den Fallschirmjäger-Gewehrpatronengurt, sein Kamerad rechts hat Taschen für Maschinenpistolenmagazine. Die Division stand im November 1944 im Gebiet von Florenz in schwerem Kampf. Sie versuchte alliierte Angriffe zurückzuschlagen. Dabei gab es viele Auszeichnungen für Tapferkeit, etwa für Hauptmann Erich Beine, den Kommandeur des 3. Bataillons des Fallschirmjäger-Sturmregiments, der ein Ritterkreuz erhielt. Ein weiteres erhielt Feldwebel Rudolf Donth, 4. Fallschirmjägerregiment, 1. Fallschirmjägerdivision, der im Gebiet von Savio drei feindliche Panzerangriffe zurückzuschlagen half, wobei er persönlich sechs Tanks abschoss. Später wehrte er nahe Monte Castellero den Angriff eines britischen Bataillons ab.*

**Oben:** *Typisches Erscheinungsbild der Fallschirmjäger in den Spätphasen des Italienfeldzugs: nachlässige Kleidung, doch massive Feuerkraft. Die Waffe über der Schulter des Soldaten in der Mitte ist ein MG 42, eines der besten je gebauten Maschinengewehre. Mit einer Feuerrate von 1200–1500 Schuss pro Minute konnte es auch bei kurzen Feuerstößen schweres Feuer legen. Die alliierten Soldaten lernten sein Geräusch (wie „reißendes Papier") zu fürchten, und die Deutschen konnten von der Waffe nicht genug bekommen. Insgesamt wurden davon 414.964 Stück hergestellt, wovon die Luftwaffe 4014 erhielt. Das Schöne am MG 42 war, dass es gut gemacht und eine Menge Kopfzerbrechen in seine Konstruktion investiert war, besonders beim Material und bei Merkmalen wie dem leichten Wechsel des Laufes. Die Waffe war daher auch bei schlechtestem Wetter effizient und zuverlässig. Das MG 42 besaß eine Mündungsgeschwindigkeit von 822 m/sec und eine Reichweite von 1000 Metern.*

starteten die 5. und die 8. Armee schnelle Panzervorstöße von den Apenninausläufern gegen die Übergangsstellen des Po. Nun begann der Wettlauf beider Seiten, um den Fluss und die Alpenausläufer als Erste zu erreichen.

## Eine hoffnungslose Aufgabe

Die 1. und 4. Fallschirmjägerdivision versuchten verzweifelt, kleinen Einheiten ihrer Kameraden Zeit zum Entkommen zu verschaffen. Doch der alliierte Stoß fegte ihre Stellungen weg und vernichtete die Nachhutabteilungen der Achse. Im offenen Gelände konnten die Alliierten nun mit ihrer überwältigenden Luftmacht, die im Gebirgskampf nicht so in Erscheinung getreten war, die Bodentruppen massiv unterstützen. Der Vorstoß schuf viele Kessel und Spezialtrupps hoben die darin befindlichen Soldaten der Achse aus. Zuletzt mussten sich über 100.000 Mann der Achse südlich des Flusses ergeben.

Bis zum 24. April hatte die gesamte 5. Armee den Po erreicht, während im Osten am 23. April bei Nachteinbruch die Einheiten der 8. Armee wenige Kilometer vor dem Po standen. Die Deutschen konnten die Querung des Flusses nicht verhindern. Die Einnahme Veronas am 26. April brachte die Alliierten zur letzten Verteidigungslinie der Achse in Italien, zur Adige-Linie. Den Deutschen fehlten nun Männer und Matrial, um eine zusammenhängende Barriere zu errichten. Die meisten Einheiten waren in kleine Gruppen zerfallen, die sich vor dem immensen alliierten Druck zurückzogen, so gut sie konnten.

Der Widerstand gegen den alliierten Vorstoß war nun sehr gering und die Städte Parma, Fidenza und Piacenza wurden rasch nacheiner eingenommen. Zehntausende Achsen-Soldaten fielen in alliierte Hand und die zerlumpten Überlebenden der geschlagenen 1. und 4. Fallschirmjägerdivision ergaben sich Anfang Mai. Am Nachmittag des 3. Mai 1945 kapitulierte Generalleutnant Fridolin von Senger-Etterlin, Vietinghoffs Stellvertreter, formell für die sich noch in Italien befindlichen Truppen der Achse.

**Oben:** *Ein schwer bewaffneter Fallschirmjäger-Spähtrupp in der Normandie. Die Patronengurte sind für MG 42. Für dieses gab es Gurte mit 50 oder 250 Schuss mit Kaliber 7,92 mm.*

# DIE WESTFRONT 1944/45

*Angesichts der großen alliierten Überlegenheit an Feuerkraft und in der Luft kämpften die Fallschirmjäger hart, um den Brückenkopf in derNormandie einzuschließen und später die Grenzen des Dritten Reichs zu verteidigen. Doch wie andere deutsche Divisionen auch wurden sie durch schonungslosen Kampf und eine Sintflut alliierter Reserven erschöpft.*

**Links:** *Im Juli 1944 in der Bocage. Das Foto zeigt ein automatisches FG-42-Gewehr. Etwa 7000 Stück davon wurden während des Krieges hergestellt. Für Einzelschüsse schloss man den Bolzen, zwischen Feuerstößen ließ man ihn zur Kühlung des Laufes und Verschlusses offen.*

Am 3. November 1943 erließ Hitler seinen Befehl 51 zur Verteidigung des besetzten Frankreichs. Dieser begann: „In den letzten zweieinhalb Jahren forderte der harte, verlustreiche Kampf gegen den Bolschewismus das Äußerste von unseren militärischen Ressourcen und Energien. Diese Verpflichtung entsprach der Größe der Gefahr und der Gesamtsituation. Nun hat sich die Lage geändert. Die Bedrohung aus dem Osten bleibt aufrecht, doch eine noch größere Gefahr droht im Westen: die angloamerikanische Landung! Im Osten wird die Weite des Raums als letztes Mittel auch einen großen Gebietsverlust erlauben, ohne Deutschlands Chance aufs Überleben den Todesstoß zu versetzen. Nicht so im Westen! Kann der Feind hier unsere Verteidigung auf breiter Front durchdringen, so werden sich binnen kurzer Zeit Folgen überwältigenden Ausmaßes einstellen." Der Befehl sah im Detail den Aufbau der Kräfte im Westen gegen die Invasion vor. Er war teilweise wirklichkeitsfremd, enthielt aber eine Bemerkung, die für viele deutsche Verbände allzu wahr werden sollte: „Weitere Mannschaften sind in Reservebataillonen zu organisieren und mit den verfügbaren Waffen auszurüsten, um die zu erwartenden schweren Verluste rasch ersetzen zu können."

## Die deutsche Schlachtordnung

Trotz des Führerbefehls war das deutsche Heer im Westen vor der Operation „Overlord", der alliierten Invasion in der Normandie, erheblich schwächer an Ausrüstung, Qualität und Zahlen als laut Plan. Im Juni 1944 verfügte Generalfeldmarschall Gerd von Rundstedt, der Oberbefehlshaber West, über 58 in vier Armeen gegliederte Kampfdivisionen. Die Armeen waren die 1. (unter dem Befehl General Joachim Lemelsens), die Frankreichs Atlantikküste hielt, die 7. (kommandiert von General Friedrich Dollmann), die die Bretagne und den Großteil der Normandie besetzte, die 15. (unter dem Befehl General Hans von Salmuths) zwischen Le Havre und Flushing und die 19. (kommandiert von General Georg von Sodenstern), die entlang der französischen Mittelmeerküste stand. Die 15. und die 7. Armee bildeten die Heeresgruppe B unter dem Kommando Generalfeldmarschall Erwin Rommels. Die Heeresgruppe C bestand aus der 1. und der 19. Armee und wurde von Generaloberst Johannes Blaskowitz befehligt.

Da Männer und Ausrüstung der Einheiten für den Dienst an der Ostfront abgezogen wurden und das Beste an Waffen und Ausrüstung ebenfalls vorrangig

**Unten:** *General Kurt Student inspiziert 1944 in Frankreich seine Männer. 1943 und 1944 wurde die deutsche Luftlandetruppe neu organisiert und erweitert und ab Sommer 1944 besaß sie 30.000 ausgebildete Fallschirmjäger. Auch die Einheiten wurden infolge der in Italien und an der Ostfront erlittenen Verluste neu aufgebaut. Im Februar 1943 wurde in Frankreich die 2. Fallschirmjägerdivision gebildet. Sie wurde um das 2. Fallschirmjägerregiment und ein Bataillon des 1. Fallschirmjäger-Artillerieregiments herum aufgebaut. Ihr erster Kommandeur war General Bernhard Ramcke. Die 3. Fallschirmjägerdivison entstand Ende 1943 in Reims. Unter Generalmajor Richard Schimpf bestand sie aus jungen Freiwilligen um einen Kader kampferfahrener Veteranen. Auch die 5. Fallschirmjägerdivision unter Generalleutnant Gustav Wilke entstand in Reims, während die 6. Fallschirmjägerdivision unter Generalleutnant Rüdiger von Heyking in Amiens gebildet wurde.*

an jenen Kriegsschauplatz ging, waren viele deutsche Infanterie-, Panzer- und Panzergrenadierdivisionen unmittelbar vor den Landungen des D-Day unterbemannt und mit erbeuteten zweitklassigen Tanks ausgerüstet. So zählten die Fallschirmjägerdivisionen im Westen zu Rundstedts besten Einheiten, als die Alliierten landeten. Die Luftwaffe hatte in der Tat wegen der in Italien und an der Ostfront erlittenen Verluste seit November 1943 eine Neustrukturierung ihrer Fallschirmjägerdivisionen durchgeführt (administrativ unterstanden diese Einheiten der Luftwaffe, im Feld wurden sie in dieser Phase stets vom Heer

**Oben:** *Marschieren, die Plage des Soldatenlebens. Diese Gruppe von Paras in Frankreich Anfang 1944 trägt Armee- und Luftlandehelme. Nicht alle schultern Gewehre. Sie tragen gescheckte Tarn-Springerblusen und vorn geschnürte Springerstiefel. 1942 wurden in Frankreich etliche Springerschulen geschaffen: in Chateaudun, Dreux, Lyon, Orange und Toyes.*

**Links:** *Junge Fallschirmjäger-Rekruten in Frankreich. Bis zur Mitte des Jahres 1944 war das Programm zur Verstärkung der Fallschirmjägerdivisionen, was die Mannschaften betraf, sehr erfolgreich. Die 3. Fallschirmjägerdivision etwa war Anfang Juni voll besetzt und ausgebildet. Doch bei der Ausrüstung gab es etliche Probleme. Die Division besaß um 30 Prozent zu wenig Waffen, vor allem Maschinengewehre und Panzerabwehrwaffen. Sie hatte nur für sechs Kampftage Munition und nur 40 Prozent der ihr zugeteilten Lastwagen (und sehr wenig Treibstoff für die, die sie besaß). Etwas besser war die Lage der 5. Fallschirmjägerdivision, der nur fünf Prozent Waffen und Ausrüstung fehlten. Allerdings hatte sie ein Defizit an Fahrzeugen von 70 Prozent und viele ihrer Rekruten hatten am D-Day ihre Fallschirmspringerausbildung noch nicht abgeschlossen.*

befehligt). Resultat war die Bildung des I. Fallschirmjägerkorps in Italien und des II. Fallschirmjägerkorps, das am 26. April 1944 in die Bretagne verlegt wurde, um die dortigen Truppen bei der Verteidigung zu unterstützen. Im Mai bestand das Korps aus folgenden Einheiten: 3. Fallschirmjägerdivision (Hauptquartier in Huelgoal, Bretagne), 5. Fallschirmjägerdivision (Hauptquartier in Rennes, Bretgane) und 2. Fallschirmjägerdivision (diese erholte sich in Köln-Wahn und wurde dort neu ausgestattet). Zudem stand das 6. Fallschirmjägerregiment unter Major Freiherr von der Heydte im Gebiet Lessay-Mont Castre-Carentan in der Normandie. Es war der 2. Fallschirmjägerdivision zugeteilt und im Mai 1944 der einzige Fallschirmjäger-Verband in der Normandie.

**Links:** *Dieses Foto malt zwar ein vielleicht zu rosiges Bild der Beziehungen zwischen den deutschen Soldaten und den französichen Zivilisten, doch das Verhältnis zwischen den beiden war oft freundschaftlich. Die jungen Fallschirmjäger fanden den Dienst in Frankreich vor dem D-Day sehr angenehm und die in ländlichen Gebieten stationierten Einheiten litten nicht unter Partisanenaktivitäten. Gefreiter Pollman, der in einem Pionierbataillon diente, war ein typisches Beispiel: „Ich war mit meiner Kompanie in Marcilly-sur-Eure einquartiert und wurde ins Hauptquartier in Ivry-la-Bataille verlegt. Meine Gruppe sorgte für Service und Wartung der Ausrüstung. Wir hatten ein kleines Landhaus und einen großen Schuppen zur Verfügung. Die Feldlatrinen befanden sich an einem kleinen Bach."*

**Oben:** *Eine Fallschirmjäger-Flakeinheit raubt einem Mitglied der Lokalbevölkerung Milch! Die Luftwaffe betrieb den Großteil der deutschen Flakartillerie und zu Kriegsende gab es nicht weniger als 30 Flak-Divisionen sowie zahlreiche Flak-Brigaden. Die Luftabwehrstellungen in der Normandie sollten sich in der von den deutschen Militärs so genannten „Materialschlacht", den scheinbar endlosen Strömen alliierter Flugzeuge, die vernichtende Angriffe flogen, als fast wirkungslos erweisen. Zwischen dem 9. Februar 1944 und dem D-Day etwa setzten die 9. US Army Air Force und die 2. Tactical Air Force der RAF insgesamt 5677 Maschinen gegen deutsche Ziele in Frankreich ein, um den Boden für die Invasion vorzubereiten.*

Die Bildung der beiden Fallschirmjägerkorps war nur ein Teil des von Göring erdachten gewaltigen Schemas für den Aufbau zweier Fallschirmjägerarmeen mit einer Gesamtstärke von 100.000 Mann. Hitler stimmte dem Plan zu. Zwar waren die Tage großer Luftlandeoperationen vorüber, doch die Fallschirmjägereinheiten waren immer noch eine Elite. Sie bestanden gänzlich aus jungen Freiwilligen (das Durchschnittsalter der Mannschaften des 6. Fallschirmjägerregiments etwa betrug 17,5 Jahre) und waren gut bewaffnet und motiviert. Im Mai 1944 betrug die Stärke der 3. Fallschirmjägerdivision, die erst im Oktober 1943 in Reims gebildet worden war, 17.400 Mann. Zusätzlich machte die Paraeinheiten, besonders in der Verteidigung, stark, dass sie prozentual meist mehr Hilfswaffen hatten als Infanteriedivisionen. Die Schützenkompanien des 6. Fallschirmjägerregiments etwa hatten doppelt so viele leichte Maschinengewehre wie die der Infanteriedivisionen.

Das II. Fallschirmjägerkorps unter General Eugen Meindl war Teil der 7. Armee. Im April hatte Hitler an die Normandie als potenzielle Invasionsstelle gedacht. Die 7. Armee verlegte daher das 6. Fallschirmjägerregiment ins Gebiet Lessay-Periers, wo sie der 91. Division unterstellt wurde. Ihre unmittelbare Aufgabe war die Verteidigung gegen Luftlandungen.

Am 6. Juni 1944 starteten die westlichen Alliierten die größte amphibische Operation der Geschichte. Die Zahlen der Invasionsmacht waren überwältigend: 50.000 Mann für den ersten Sturm, insgesamt über zwei Millionen nach Frankreich geschiffte Mann in 39 Divisionen, 139 beim Angriff eingesetzte größere Kriegsschiffe und weitere 221 kleinere Kampfschiffe, über 1000 Minenräumer und Hilfsschiffe, 4000 Landungsboote, 805 Handelsschiffe, 59 Blockadeschiffe, 300 verschiedene kleine Schiffe und 11.000 Flugzeuge (Jäger, Bomber, Transporter und Segler). Zusätzlich unterstützten über 100.000 Mitglieder der französischen Resistance die Invasionstruppe.

Die Invasion in der Normandie (Deckname „Overlord") am D-Day begann mit dem Angriff dreier Luftlandedivisionen, der 82. US und 101. US an der rechten Flanke der amerikanischen und der britischen 6. Airborne an der linken der britischen Kräfte, während Truppen von der See her in fünf Buchten landeten. Die Hauptteile der Invasionstruppe, unter dem Schirm General Bernard Montgomerys 21. Army Group gruppiert, waren die britische 2. Armee unter General Miles Dempsey und die 1. US-Armee unter General Omar Bradley. Utah Beach war das Ziel der 4. US-Infanteriedivision (als Teil des VII. US-Corps), Omaha Beach das Ziel der 1. US-Infanteriedivision (als Teil des V. US-Corps), Gold Beach die Landungsstelle der britischen 50. Infanteriedivision (als Teil des britischen XXX. Corps), Juno war Ziel der kanadischen 3. Infanteriedivision (als Teil des britischen I. Corps) und die britische 3. Infanteriedivision (ebenfalls Teil des britischen I. Corps) sollte Sword Beach einnehmen.

**Unten:** *Ausbildung an der 37-mm-Pak-35/36-Panzerabwehrkanone in Frankreich. 1944 war diese Waffe, die sich 1940 gegen manche britische und französische Tanks als so wirksam erwiesen hatte, gegen die alliierten Panzer, die in die Normandie eindrangen fast nutzlos. Die Einführung zweier neuer Geschosse, die die Leistung verstärkten, verzögerte ihre Ausmusterung. Das erste war die 37-mm-Panzergranate-40 (PzGr 40) aus Wolframkarbid. Sie wurde Ende 1940 eingeführt und konnte eine bis zu 65 mm dicke Vertikalpanzerung durchschlagen. Das zweite war die 37-mm-Stielgranate 41. Sie wurde 1941 eingeführt, wurde über der Mündung angebracht und durch eine Platzpatrone im Verschluss abgefeuert. Trotz dieser Verbesserungen wurde die Kanone spöttisch „Türklopfer" genannt.*

**Oben:** *Ein Fallschirmjäger-20-mm-Flakvierling-38 , eine leichte Luftabwehrwaffe. Sie ging 1940 in Dienst und war beim Fliegerabwehrbataillon jeder Fallschirmjägerdivision im Einsatz. Die vier Rohre konnten bis zu 1800 Schuss pro Minute abfeuern, was sie zur tödlichen Waffe gegen Tiefflieger machte. Sie war aber auch gegen Bodenziele wirksam. Die Mündungsgeschwindigkeit betrug 900 m/sec, die Gipfelhöhe 2200 m. Das Foto wurde kurz vor dem D-Day aufgenommen. Zu dieser Zeit erhielten die Fallschirmjägerdivisionen Divisions-, Regiments- und Bataillonskommandeure mit mehr Kampferfahrung als ihre alliierten Gegner. Auch auf niedrigerer Ebene waren sie im Vorteil: Ihre Unteroffiziere waren hoch qualifiziert und übernahmen Verantwortung oder ergriffen die Initiative, wenn die Situation es erforderte.*

Die ersten Fallschirm- und Landungen vom Meer her hatten unterschiedliche Erfolge. Bei Utah war der Widerstand gering. Um 12 Uhr hatten die Truppen die Bucht verlassen. Bei Omaha konnten die Deutschen den Feind wegen dessen Mangel an Spezialpanzern am Strand festnageln. Es gab viele Tote. Auf Gold und Juno konnten die Briten und Kanadier dank ihrer Spezialpanzer die Buchten rasch verlassen und am Nachmittag drangen sie landeinwärts gegen Bayeux und Caen. Bei Sword konnten sich die Truppen mit Luftlandeeinheiten weiter im Landesinneren verbinden. Die Strategie der Alliierten sah die Einnahme des Hafens von Cherbourg vor, um dann in die Bretagne und ostwärts über die Seine zu stoßen. Bis Tagesende hatten die Alliierten, unterstützt durch massive Luftüberlegenheit und Marinegeschützfeuer, 155.000 Mann gelandet.

## Die erste deutsche Reaktion

Die Deutschen waren bezüglich der Landungen in einem Dilemma, da ihnen unklar war, ob es sich nicht bloß um eine Ablenkung vom Hauptangriff beim Pas de Calais handelte. Hitler dachte so und ließ daher bis zum Nachmittag des 6. Juni die mobilen Reserven der Panzergruppe West nicht los. Zudem verweigerte Rundstedt die Verlegung zweier nördlich der Seine stehender Panzerdivisionen in die Normandie. Dies war aber letztlich irrelevant, da auch beim Einsatz der mobilen Reserven wegen der alliierten Luftmacht Bewegungen länger als geplant dauerten und die Einheiten stückweise zum Kampf eintrafen. Man konnte also keine wirksamen Gegenangriffe auf die Buchten unternehmen und die Panzereinheiten fanden sich daher in einer Unterstützungsrolle für die Infanterie.

Am 6. Juni wurde das II. Fallschirmjägerkorps sofort in die Normandie befohlen, um eine angebliche Luftlandung bei Coutances zurückzuschlagen. Eine solche hatte nicht stattgefunden. Das Korps sollte daher gemeinsam mit der 352. Infanteriedivision und der 17. SS-Panzergrenadierdivision *Götz von Berlichingen,* die sich noch in einiger Entfernung befand, im Gebiet von St. Lô einen Gegenangriff führen. Das Korps befand sich zu diesem Zeitpunkt bei Les Cheris, 10 km südöstlich von Avranches und stand unter dem taktischen Kommando des LXXXIV. Korps. Die Lage der einzelnen Korpseinheiten war folgende: Die 3. Fallschirmjägerdivision war zwischen Quimper und Brest stationiert, die 5. Fallschirmjägerdivision nicht kampfbereit, und so wurde nur ihr 15. Fallschirmjägerregiment an die Front verlegt.

Als Reaktion auf die Invasion wurde Fallschirmjägereinheiten die Besetzung strategischer Stellen, die die US-Truppen noch nicht genommen hatten, befohlen. Von der Heydte befahl seinem 2. Bataillon die Einnahme von St. Marie-Eglise, dem 1. Bataillon die von St. Marie du Mont und dem 3. die Caren-

**Unten:** *Kampf an der Normandie-Front im Juni 1944. Am D-Day war die einzige Fallschirmjägereinheit im Gebiet von der Heydtes 6. Fallschirmjägerregiment der 2. Fallschirmjägerdivision. Als die Invasion begann, zog es sofort ins Gebiet von Carentan. Gefreiter Primetzhofer, 13. Kompanie, war einer seiner Männer und berichtete über „den schweren Beschuss durch alliierte Kriegsschiffe, der gegen 5 Uhr einsetzte. Nach meiner Schätzung dauerte das rollende Langstreckenfeuer 15 Stunden, nach denen ich glaubte, der einzige Überlebende meiner Einheit zu sein. Zum Glück war dies nicht der Fall."*

**Rechts:** *Ein Kettenkrad in der Normandie. Diese Fahrzeuge wurden zum Ziehen von Ausrüstung benutzt und gehörten meist zu den Divisionskradkompanien. Bei den Fallschirmjägerdivisionen in der Normandie waren sie selten. Letztere litten während des gesamten Feldzugs unter akuter Fahrzeugknappheit.*

tans. Das 6. Fallschirmjägerregiment zählte zu den ersten deutschen Einheiten, die in der Normandie gegen alliierte Truppen kämpften. Es wurde bei Carentan in schwere Kämpfe mit der 1. US-Infanteriedivision verwickelt. Das 1. Bataillon wurde fast ausgelöscht, die beiden anderen mussten verzweifelt kämpfen, um die Stadt zu halten. Da die Amerikaner alle umgebenden Straßen und die Luft kontrollierten, erhielten die Paras nur einen Abwurf an Munition, um aus der Stadt auszubrechen. Nach schweren Verlusten und nachdem die 17. SS-Panzergrenadierdivision Verstärkung verweigert hatte, wurde das 6. Fallschirmjägerregiment am 12. Juni zurückgezogen und in den Vire-Sektor verlegt, um unter der 2. SS-Panzerdivision *Das Reich* zu kämpfen.

Inzwischen hatte die 2. Fallschirmjägerdivision unter General Bernhard Ramcke Befehl erhalten, die Bretagne zu halten, und war per Bahn aus Deutschland losgefahren. Die Reise war lang und gefährlich und wurde häufig

**Unten:** *Das FG 42 war ein Produkt des Wunsches der Fallschirmjäger nach einer Kreuzung zwischen automatischem Gewehr und leichtem MG. Die Waffe hatte etliche Tücken: Die komplizierte, doch ineffiziente Mündungsbremse beseitigte das Ausschlagen nicht, der Zweifuß war zu leicht für längeres Feuer und der leichte Lauf überhitzte bei Dauerfeuer rasch.*

**Links:** *Die beiden Fotos auf dieser Seite zeigen ein Fallschirmjägerkommando an der Normandie-Front bei der Rast. Dieses Bild zeigt die Männer, wie sie ein alliiertes Flugzeug im Überflug beobachten. Zu dieser Zeit war die Luftflotte III vernichtend geschlagen und selbst wenn eine deutsche Maschine bis zum Landekopf durchkam, wurde sie von der Übermacht alliierter Jagdflugzeuge in Stücke geschossen.*

durch alliierte Luftschläge und Partisanenangriffe unterbrochen. Die ersten Teile der Division trafen am 19. Juni ein, der Rest jedoch erst im Juli. Dieses Gebiet war relativ ruhig, sodass die Division Zeit hatte, die mit unerfahrenen Reserven besetzten Einheiten zu trainieren. Es war die Ruhe vor dem Sturm, denn am 12. Juni hatten die Alliierten in der Normandie bereits 326.547 Mann an Land. Montgomery war entschlossen, seinen Ausbruch mit der 1. US-Armee an seiner rechten Flanke durchzuführen und die britische 2. Armee um Caen zu führen. Die Amerikaner starteten ihre Offensive, um den Hafen von Cherbourg abzuschneiden. Dieser fiel am 29. Juni ans VII. US-Corps unter Lieutenant-General J. Lawton Collins. Nun sollte der Feldzug in der Normandie in seine blutigste Phase gehen.

**Unten:** *Interessant an diesem Foto ist das erbeutete britische Bren-MG, das der Para in der linken unteren Ecke des Bilds hält. Die Einheiten hatten zu diesem Zeitpunkt wegen der feindlichen Luftangriffe Probleme, Verstärkungen und Nachschub aus dem rückwärtigen Gebiet zu erhalten. Die meisten Bewegungen mussten in den Nachtstunden erfolgen.*

Nach dem Fall Cherbourgs suchte die 1. US-Armee die Linie Coutances-Marigny-St. Lô einzunehmen, was ihr eine Offensive süd- und ostwärts zum Ausbruch aus der Normandie ermöglicht hätte. Den Amerikanern entgegen standen die Paras des II. Fallschirmjägerkorps. Sie waren an Bewaffnung und Männern zahlenmäßig unterlegen, wurden aber durch das Gelände, die so genannte *Bocage*, sehr unterstützt. Ein Bericht der US-Army beschreibt dies so: „Der größte Vorteil der Deutschen lag in den Hecken, die das Land überall

**Rechts:** *Ein verwundeter Fallschirmjäger in der Normandie. Im Juni nahm die 1. US-Armee Cherbourg, säuberte den Großteil der Cotentin-Halbinsel und wandte sich dann südwärts. Der deutsche Widerstand konzentrierte sich um Carentan und Caen (die Briten brauchten bis zum 13. Juli, um letzteres zu nehmen). Während die Briten gegen Caen rückten, hielt die 1. US-Armee eine Linie von Caumont bis Carentan und westlich über die Halbinsel. Zur Vorbereitung des Ausbruchs aus dem Normandie-Kessel flossen Verstärkungen und Nachschub in den Brückenkopf. Die Offensive (später „Battle of the Hedgerows" genannt) um St. Lô sollte Raum und Ausgangspositionen für jenen Ausbruch gewinnen. Den Amerikanern gegenüber stand die 7. Armee unter dem SS-General Paul Hausser, speziell die Einheiten des LXXXIV. Korps und des II. Fallschirmjägerkorps.*

kreuz und quer überzogen, Offensivaktionen behinderten und den Einsatz von Tanks beschränkten. Eine Luftaufnahme eines typischen Ausschnitts der Normandie zeigt über 3900 umzäunte Flächen auf einem Areal von weniger als acht Quadratmeilen. Aus massiven, bis zu zehn Fuß hohen Dämmen wachsend und oft flankiert von Entwässerungsgräben oder Hohlwegen eignen sich die Hecken ideal für eingegrabene Stellungen und getarnte Stützpunkte.“ St. Lô war Zentrum eines Straßennetzes, das in alle Richtungen verlief, und musste daher genommen werden.

Der US-Angriff begann am 3. Juli, und wegen des Geländes und des fanatischen deutschen Widerstands ging es langsam und verlustreich voran. In den Nahkämpfen war die alliierte Luftmacht irrelevant. Die „Battle of the Hedgerows“ (Schlacht der Hecken) bestand daher aus vielen kleineren Aktionen. Die Deutschen versuchten nicht, eine durchgängige Linie zu bilden, sondern verließen sich auf Stützpunkte, die sich durch überlappende Feuerbereiche unter-

**Oben:** *Mörser der 3. Fallschirmjägerdivision Mitte Juli 1944 in der Normandie. Zu diesem Zeitpunkt besaß die Division drei Regimenter mit je drei Bataillonen und je einer Granatwerfer-, Panzerjäger- und Pionierkompanie. Manche Regimenter hatten schwere 120-mm-Mörser, andere das 100-mm-Modell und sogar Nebelwerfer (Mörser mit mehreren Rohren). Die Division besaß nur ein Bataillon leichter Artillerie, doch ihr Fliegerabwehrbataillon hatte 12 88-mm-Kanonen. Am 22. Mai 1944 bot die Division 17.420 Mann auf.*

**Oben:** *Eine MG-Mannschaft geht Mitte 1944 in Stellung. Die Deutschen hatten das sumpfige Land südlich und südwestlich Carentans zur Unterstützung ihrer Verteidigung teilweise geflutet und der Regen, der im Juni und Juli auf das Gebiet herabging, behinderte den alliierten Vormarsch noch mehr. Die feuchten Verhältnisse halfen auch bei der Verteidigung St. Lôs, um das ein Netz von schlechten Straßen, Hohlwegen und Pfaden lag, die alle sehr rasch äußerst morastig wurden.*

stützen konnten. Die Paras unternahmen auch wirksame Gegenangriffe. Am 11. Juli etwa meldete der Kommandeur des 1. Bataillons des 115. US-Infanterieregiments einen „schön geplanten und ausgeführten" Angriff des 1. Bataillons des 9. Fallschirmjägerregiments (3. Fallschirmjägerdivision). Die Paras legten ein Mörser- und Artilleriesperrfeuer und folgten dann in 46 m Entfernung. Total überrascht wurden die Vorposten der 115. fast sofort überrannt. Trotzdem wurde die Attacke gestoppt und die Paras zogen sich zurück. Das US-Bataillon verlor 100 Mann, doch die Paras ebenfalls, aber die Deutschen konnten sich solche Verluste nicht leisten. Die Amerikaner begrüßten diese Angriffe sogar, wie ein US-Soldat, der in der Bocage kämpfte, meinte: „Die deutschen Gegenangriffe scheiterten aus den gleichen Gründen, die unseren Vormarsch verlangsamten. Jede Attacke verlor rasch ihren Schwung und

**Rechts:** *Ein Fallschirmjäger erwartet in der Bocage in seinem Schützenloch den US-Angriff, die Stielhandgranate bereit. Die Attacke des XIX. US-Corps begann am 3. Juli bei schwerem Regen. Nun bat die 7. Armee Feldmarschall Günther von Kluge, den neuen Oberbefehlshaber West, Verstärkungen in die Bretagne zu schicken.*

dann erlitten die Deutschen durch unsere Artillerie und Jagdbomber schreckliche Verluste. Der beste Weg, die Deutschen zu schlagen, war im Allgemeinen, sie zum Gegenangriff zu bringen – sobald wir darauf vorbereitet waren."

## Der Fall von Hill 192

Schrittweise und unter schweren Verlusten kämpften sich die Amerikaner vorwärts, bis sie die Umgebung von St. Lô erreichten. Der Schlüssel zur Stadt war Hill 192, eine beherrschende Erhebung 4,8 km östlich. Seine Verteidigung lag anfangs in den Händen des 1. Bataillons, 9. Fallschirmjägerregiment, und des 1. Bataillons, 5. Fallschirmjägerregiment. Nach schwerem Artilleriebeschuss begann der US-Angriff am 11. Juli um 6 Uhr. Der Widerstand war wie immer fanatisch und bald brachten die Deutschen neue Einheiten herein, um ihre Stellungen zu halten: die 12. Fallschirmjäger-Artilleriebrigade, die 3. Fallschirmjäger-Spähkompanie und das 3. Fallschirmjäger-Pionierbataillon. Doch alle Fallschirmjägereinheiten wurden übel zugerichtet und am nächsten Tag kratzte die 3. Fallschirmjägerdivision ihre letzten Resreven zusammen, um eine neue

**Oben:** *Die mächtige „88-er" in der Bocage. Die Deutschen entdeckten, dass die 88-mm-Fliegerabwehrkanone mit ihrer hohen Mündungsgeschwindigkeit von 820–840 m/sec und Gipfelhöhe/Reichweite von 10.000 m ideal gegen feindliche Tanks wirkte. Sie konnte jeden alliierten Panzer ausschalten, war aber auch eine mächtige Antipersonenwaffe, wenn sie Zündgranaten, die in der Luft explodierten, verschoss. Die Kanone war meist als 88 mm Pak 43/41 auf einer zweirädrigen Lafette montiert. Beachten Sie die starke Tarnung des Geschützes gegen feindliche Luftangriffe.*

Linie südlich der Straße St. Lô-Bayeux zu bilden. Den Kampf um den Hügel beschrieb ein Para, der dabei war. Er zeigte, dass auch Elitetruppen ihre mentalen und physischen Grenzen haben: „Trug mein Maschinengewehr durch die feindlichen Linien in einen etwas besser geschützten Hohlweg und kroch mit einem Kameraden zurück, um die Verwundeten zu holen. Auf dem Weg dahin wurden wir wieder mit furchtbarem Artilleriefeuer eingedeckt. Wir lagen einfach in einem offenen Bereich. Jeden Augenblick erwartete ich ein tödliches Schrapnell. Da verlor ich meine Nerven. Wenn man stundenlang das Pfeifen und Krachen der Granaten und das Schreien der Verwundeten hört, fühlt man sich nicht besonders gut. Von unserer Kompanie waren nur noch 30 Mann (von 170) übrig." In drei Kampftagen hatte die 3. Fallschirmjägerdivision 4064 Mann verloren. Ab dem 14. Juli besaß das II. Fallschirmjägerkorps keine Reserven mehr. Meindl informierte Rommel, dass er seine Stellungen nicht länger halten könne. Doch noch bis zum 27. Juli hielten die Paras aus. Dann brachen die US-Truppen bei St. Lô durch. Die „Schlacht der Hecken" kostete die 1. US-Armee vom 7. bis 22. Juli 11.000 Gefallene, Verwundete und Vermisste.

## Die Normandie-Front bricht zusammen

Am 25. Juli begannen die US-Kräfte ihren Ausbruch aus der Normandie. Die 3. Armee unter General George S. Patton stieß westwärts in die Bretagne. Auch Montgomerys 21. Army Group brach aus. Die deutsche 7. Armee wankte. Ein großer Teil von ihr wurde um Falaise vernichtet. Ramckes 2. Fallschirmjägerdivision war an der Verteidigung Brests beteiligt. Sie bekämpfte den Vormarsch des VIII. US-Corps auf den Hafen. Die Amerikaner verloren 4000 Mann, doch auch

**Unten:** *Lauern auf die Amerikaner. Für die US-Einheiten waren die Nahkämpfe verwirrend. Ein Bericht des 823. US Tank Destroyer Battalion vom 9. Juli meldete: „Es gab eine Menge Schüsse aus Handfeuerwaffen, Granaten- und Mörserfeuer deckte das Gebiet zu, jeder feuerte in alle Richtungen, Lärm erfüllte die Luft, und als sich Infanterieeinheiten ungeordnet zurückzogen und einige ihrer Geschütze zurückließen, wurde der Rückzug in hintere Stellungen nötig. Die exakten Bewegungen jedes Zugs sind gegenwärtig aufgrund der Konfusion des Kampfes unklar."*

die Fallschirmjäger erlitten schwere Verluste. Ramcke schickte der geschwächten 5. Fallschirmjägerdivision eine Kampfgruppe zu Hilfe, doch diese wurde von einer amerikanischen Panzerkolonne übel zugerichtet, ehe sie St. Malo erreichte. Am 20. September fielen Brest und der Großteil der 2. Fallschirmjägerdivision in die Hände der Amerikaner.

Nach Falaise wurden die Reste des II. Fallschirmjägerkorps zur Erholung und Neuausstattung nach Köln geschickt. Von der Heydtes 6. Fallschirmjägerregiment (das seit dem 6. Juni 3000 Mann verloren hatte) ging nach Güstrow in Mecklenburg, um den Kader eines neuen Regiments zu bilden. Die deutschen Truppen in Frankreich hatten den Zusammenhalt verloren und zogen sich ungeordnet ostwärts zurück. Am 19. August sicherten die Alliierten ihren ersten Übergang über die Seine, sechs Tage daruf betraten sie Paris. Am 15. August landeten alliierte Kräfte in Südfrankreich. Die französische 1. und die

**Unten:** *Die Crew eines US-Jeeps geht in Deckung, als sie nahe St. Lô unter feindliches Mörserfeuer gerät. Beim Kampf um die Stadt hielten die Fallschirmjäger den taktisch wichtigen Hill 192, was ihnen einen Überblick über die gesamte Landschaft vom Fluss Vire bis Caumont, darunter aller Zugänge nach St. Lô, verschaffte. Die Hänge des Hügels waren von mit Hecken umgebenen Feldern und Obstgärten bedeckt. Angriffe waren verlustreich: Zwei Anstürme der 2. US-Division Mitte Juli führten zu 1253 Gefallenen und keinem Bodengewinn.*

**Rechts:** *Das Leben am Boden wurde für die Fallschirmjäger in der Bocage ganz natürlich. Die US-Artillerie setzte riesige Mengen Munition ein, um den Weg nach St. Lô zu erzwingen. Am 9. Juli etwa verfeuerten die sieben Artilleriebataillone der 30. Division 5000 105-mm-Granaten und 4000 155-mm-Granaten.*

**Unten:** *Ein MG-42-Schütze in der Bocage. Das deutsche Mörser- und MG-Feuer war in dem Heckengelände sehr wirksam. Die Amerikaner tauften einen Stützpunkt nahe des Dörfchens Cloville „Kraut-Corner". Eine ganze Kompanie brauchte eine Stunde, ihn zu zerstören. Die letzten drei Paras wurden von Tanks niedergewalzt.*

7. US-Armee stießen rasch nordwärts. Am 3. September fielen Brüssel und Lyons. General Dwight Eisenhower, der alliierte Oberkommandeur, wies Montgomery an, die deutschen Armeen ins Ruhrgebiet zu verfolgen, während Bradley ins Saarland ziehen sollte. Als alliierte Stoßtrupps am 11. September bei Luxemburg die deutsche Grenze querten, sah es so aus, als würden die Alliierten bis Jahresende in Berlin sein. Doch Treibstoffknappheit erzwang einen Halt an der gesamten Front. Die Deutschen hatten eine Atempause.

**Links:** *Männer der 3. Fallschirmjägerdivision in der Bocage. Ein Soldat des XIX. US-Corps zollte den Verteidigern von St. Lô Anerkennung: „Die deutschen Mörser waren äußerst wirksam. Wenn unsere Männer bereit waren, ihn anzugreifen, hatten sich der Deutsche und seine Männer und Geschütze unvermeidlich zum nächsten Halt zurückgezogen. Wenn unsere Männer auf ihn zustürmten, anstatt sich hinter dem Damm zu ducken, erledigte sein Maschinengewehr oder seine Maschinenpistole einige von uns ... Wer in der Bocage kämpfte, weiß, dass man bestenfalls langsam vorwärts kommt und dass eine gewiefte Truppe einem überlegenen Gegner schwere Verluste zufügen kann." Auch die Fallschirmjäger litten. Als Rommel am 14. Juli die Kommandostelle des II. Fallschirmjägerkorps inspizierte, hatte es keine Reserven mehr.*

Die 1. Fallschirmjägerarmee wurde als Ausbildungskommando benutzt und war der Heeresgruppe D zugeteilt (die Armee entstand aus dem XI. Fliegerkorps und wurde im Januar 1944 als 1. Fallschirmjägerarmee neu organisiert). Nach dem alliierten Durchbruch in Frankreich übernahm sie die Verteidigungslinien in Belgien und Ostholland zwischen Antwerpen und Maastricht. Sie nannte sich unter General Student zwar Armee, enthielt aber auch Luftwaffen-Melder, Navigatoren und Späher ohne Fallschirmspringerausbildung und Kampferfahrung.

Die 3. und die 5. Fallschirmjägerdivision waren nach dem Rückzug aus der Normandie geschwächt. Die meisten schweren Waffen hatte sie bei der allgemeinen Flucht zurückgelassen. Die 5. wurde von Generalmajor Heilmann, die

**Unten:** *General Bernhard Ramcke übergibt am 19. September 1944 Brest den Amerikanern. Pattons 3. US-Armee brach Anfang August durch die Avranches-Lücke und über 50.000 Deutsche wurden im Falaise-Kessel gefangen, weitere 10.000 getötet. Ramckes 2. Fallschirmjägerdivision stand in der Normandie nur wenig im Kampf. Im August und September nahm sie an der Verteidigung Brests teil. Als der Hafen fiel, gerieten der Großteil der Division und ihr Kommandeur in Gefangenschaft.*

3. von Generalmajor Walter Wadehn befehligt. Von der Heydtes 6. Fallschirmjägerregiment wurde rechtzeitig für die Operation „Market Garden" überholt.

Montgomery schlug Eisenhower vor, die alliierte 1. Luftlandearmee einzusetzen, um die deutsche Flanke durch einen Stoß über den Unterrhein in Holland aufzurollen. Drei Absprünge sollten die Brücken über Kanäle im Gebiet von Eindhoven, die Maas bei Grave, die Waal bei Nijmegen und den Rhein bei Arnhem sichern. Das britische XXX. Corps würde am Boden in Holland eindringen und sich mit den Luftlandetruppen verbinden.

„Market Garden" begann am 17. September. Die Operation verlief zunächst gut, die 82. und die 101. US-Luftlandedivision nahmen die Brücken von Grave, Eindhoven und Nijmegen. Doch die Deutschen reagierten rasch. In dem Gebiet standen zwei SS-Divisionen zur Überholung (die 9. und die 10.)

sowie Heeres-Fallschirmjägereinheiten. Diese zogen rasch los, um die alliierten Fallschirmtruppen zu isolieren. Die Fallschirmjägerverbände wurden gegen die 101. US-Luftlandedivision bei Eindhoven und Grave eingesetzt und auch von der Heydtes 6. Fallschirmjägerregiment zog gegen seine Gegenspieler, wurde aber am 23. September nach schweren Kämpfen westlich Eerdes angehalten. Meindls II. Fallschirmjägerkorps griff südöstlich Nijmegens an, wurde aber von Einheiten der 82. US-Luftlandedivision zurückgeschlagen.

## Vorbereitung der letzten Offensive im Westen

In dieser Phase mussten die Fallschirmjägereinheiten lange Fußmärsche unternehmen, da sie nicht genügend Transporter hatten. Das 6. Fallschirmjägerregiment etwa musste zu seiner Angriffsfront nahe Boxtel 60 km zurücklegen. Die alliierte Luftüberlegenheit machte solche Märsche gefährlich. Zudem griffen die Truppen danach in erschöpfter Verfassung an. Trotzdem trugen die Paras dazu bei, „Market Garden" abzuschwächen. De facto vereitelte dies die letzte Chance der Alliierten, den Krieg 1944 zu beenden. Im Oktober 1944 wurde das dezimierte II. Fallschirmjägerkorps in Vorbereitung der letzten großen Offensive Deutschlands im Westen wieder aufgebaut.

Hitlers Gegenoffensive im Westen sollte durch einen Stoß gegen Antwerpen die britischen von den US-Truppen trennen. Das Unternehmen „Wacht am Rhein", der Versuch, an der Ardennenfront durch das VIII. US-Corps zu

**Unten:** *Trotz ihrer Verluste in Frankreich war die Moral der Fallschirmjäger Ende 1944 noch hoch, wie dieses Foto zeigt. Beachten sie die Eierhandgranaten an der Koppel des Paras in der Mitte. Die Eierhandgranate 39 war eine kleine Sprenggranate mit einer dünnen Stahlhülle. Sie wog 340 g, wovon 112 g auf die TNT-Füllung kamen. Beim Einsatz wurde ein Knopf an der Spitze aufgeschraubt und gezogen und die Granate geworfen. Die Sprengladung detonierte nach 4,5 Sekunden. Die Luftwaffe erhielt 1943 bis 1944 2.089.500 Stück dieser Granate.*

**Oben:** *Drei britische Luftlandesoldaten gehen nach dem Scheitern von „Market Garden", dem Absprung dreier alliierter Divisionen zur Einnahme von Brücken über die Meuse und den Rhein, um das Eindringen in Deutschland zu erleichtern, in Gefangenschaft. Die deutsche Reaktion erfolgte rasch. Student lenkte als Kommandeur der 1. Fallschirmjägerarmee deren Operationen.*

brechen, die Meuse zu erreichen und Antwerpen zu nehmen, begann am 16. Dezember 1944. Die deutschen Einheiten (insgesamt 200.000 Mann) bildeten die Heeresgruppe B unter dem Gesamtbefehl Feldmarschall Gerd von Rundstedts. Sie umfasste die 6. SS-Panzerarmee, die 5. Panzerarmee und die 7. Armee. Dagegen standen 80.000 US-Soldaten. Die Überraschung gelang und dichte Wolken und Nebel machten die alliierte Luftüberlegenheit unwirksam. Doch gelang es den Deutschen nicht, St. Vith und Bastogne sofort zu

**Rechts:** *In Holland, im Spätherbst 1944. „Die Holländer hatten den Deich zwischen Arnhem und Nijmegen gesprengt und so das Tiefland geflutet. Dies erschwerte die Evakuierung, da die Dämme der einzige Weg waren, das Gelände zu queren. Wir waren nunmehr knapp an Munition und Transportfahrzeugen. Zudem nahmen amerikanische Flugzeuge und Artillerie isolierte Soldaten aufs Korn, was Bände über die amerikanische Art der Kriegsführung spricht." (Unteroffizier Mayer, 21. Fallschirmjäger-Pionierregiment)*

nehmen, was ihre Angriffsfront verengte. Bis zum 22. zogen sich die Amerikaner, die bei St. Vith 8000 von 22.000 Mann verloren hatten, aus der Stadt zurück, doch die 28. Infanterie- und 10. und 101. Luftlandedivision hielten Bastogne gegen eine Infanterie- und zwei Panzerdivisionen. Am selben Tag starteten die Deutschen ihren letzten Versuch, an die Meuse zu gelangen.

Die Fallschirmjägereinheiten waren in der Ardennenoffensive schwer im Einsatz, besonders die 3. Fallschirmjägerdivision als Teil der 15. Armee im Norden und die 5. Fallschirmjägerdivision als Teil der 7. Armee. Die Paras dieser Einheiten kämpften zwar als Infanterie, doch sollte es noch eine letzte Luftlandeoperation geben. Student erdachte diese (Deckname „Stoßer") zur Unterstützung der Offensive. Er übertrug den Befehl über den Einsatz Oberst von der Heydte, der Anweisung erhielt, aus 1200 Männern der 1. Fallschirmjägerarmee eine Gruppe zu bilden, die in vier Infanteriekompanien sowie eine Kompanie mit schweren Waffen und einen Melde- und Pionierzug gegliedert war. Doch wollten sich die Bataillonskommandeure des Heeres nicht von ihren besten Männern trennen, und so schickten sie von der Heydte bestenfalls mittelmäßige Truppen. Dies war kein gutes Vorzeichen für die Mission.

**Oben:** *Eines der berühmtesten Fotos des Zweiten Weltkrieges: Fallschirmjäger fahren in den Ardennen auf einem Tiger II. Sowohl die 3. als auch die 5. Fallschirmjägerdivision nahmen an der Offensive teil. Beide waren nach den in Frankreich erlittenen Verlusten neu aufgebaut worden. Ihre Wirksamkeit litt darunter. Die 3. etwa hatte nur wenige erfahrene Mannschaften übrig und ihr Kommandeur, Generalmajor Richard Schimpf, verstand wenig von Infanterietaktik.*

**Unten:** *Warm gekleidete Fallschirmjäger in der Ardennenoffensive. Die 5. Fallschirmjägerdivision stand am Flügel der 7. Panzerarmee und lieferte der 5. Panzerarmee Flankendeckung. Der Kommandeur der 7., General Erich Brandenberger, war von ihrer Leistung während der Offensive beeindruckt: „Am 15. Dezember 1944 erzielte die 5. FJ-Div. einen besonders feinen Erfolg. Während die vorwärtigen Elemente der Division vorstießen, um Harlange zu erreichen, konnte das verstärkte Pionierbataillon, das nordwärts geschwenkt war, eine starke Gruppe einkreisen. Etliche hundert Gefangene und reiche Beute wurden gemacht."*

Seine Einheit stand unter Befehl der 6. SS-Panzerarmee und erhielt Anweisung, auf derHauptstraßenverbindung 11 km nördlich Malmédys, der Hauptroute für die US-Verstärkungen, die in dieses Gebiet geschickt wurden, abzuspringen. Der Absprung erfolgte ohne vorherige Aufklärung oder Fotos des Gebiets bei Nacht. Er sollte am 16. Dezember um 4.30 Uhr stattfinden, doch aufgrund von Transportproblemen kamen die Paras zu spät auf den Flugplätzen von Lippespringe und Paderborn an, Die Kampfgruppe *Heydte* ging schließlich an Bord der Maschinen und hob bei schrecklichem Wetter ab. Alliiertes Flakfeuer zerstreute die Formation, und aufgrund von Pilotenfehlern wurden die Fallschirmjäger über einen weiten Bereich verstreut. Von der Heydte konnte am Boden nur 125 Mann sammeln und alle schweren Waffen waren verloren.

Bis zum 17. trafen weitere 150 Mann bei ihm ein. Die weit verstreuten Absprünge überzeugten die Alliierten davon, dass ganze feindliche Luftlandedivisionen abgesetzt worden seien. So setzten sie Einheiten zur Suche nach diesen

ein, anstatt sie an die Front zu schicken. Von der Heydte war abgeschnitten, konnte keinen Kontakt mit der 6. SS-Panzerarmee herstellen und erhielt von der Luftwaffe keinen Nachschub. Er beschloss, eine Sturmgruppe zu bilden und durch die alliierten Linien zu brechen, um in Sicherheit zu gelangen. Der Angriff scheiterte. So teilte er am 21. Dezember sein Kommando in Zwei- und Drei-Mann-Gruppen, um die Chance zu erhöhen, durch die feindlichen Linien zu kommen. Doch viele von ihnen, auch von der Heydte, wurden gefangen. Die letzte deutsche Luftlandeoperation des Zweiten Weltkriegs endete als Desaster.

Am Boden kämpfte sich das 9. Fallschirmjägerregiment (Teil der 3. Fallschirmjägerdivision) seinen Weg nach Lanzerath. Einige Paras wurden der

**Oben:** *Eine Abteilung von Fallschirmjägern passiert in den Ardennen einen ausgeschalteten US-Sherman-Tank. Der zweite Soldat von rechts trägt einen Panzerschreck. Es scheint ein Modell 54 zu sein, da er als Schutz vor dem Raketenschweif einen Schild hat. Eine gut ausgebildete Mannschaft konnte damit in einer Minute 4 bis 5 88-mm-Raketen abfeuern. Der Soldat ganz links hat eine Panzerfaust, die einen Schuss abfeuern und 200 mm Stahl durchschlagen konnte.*

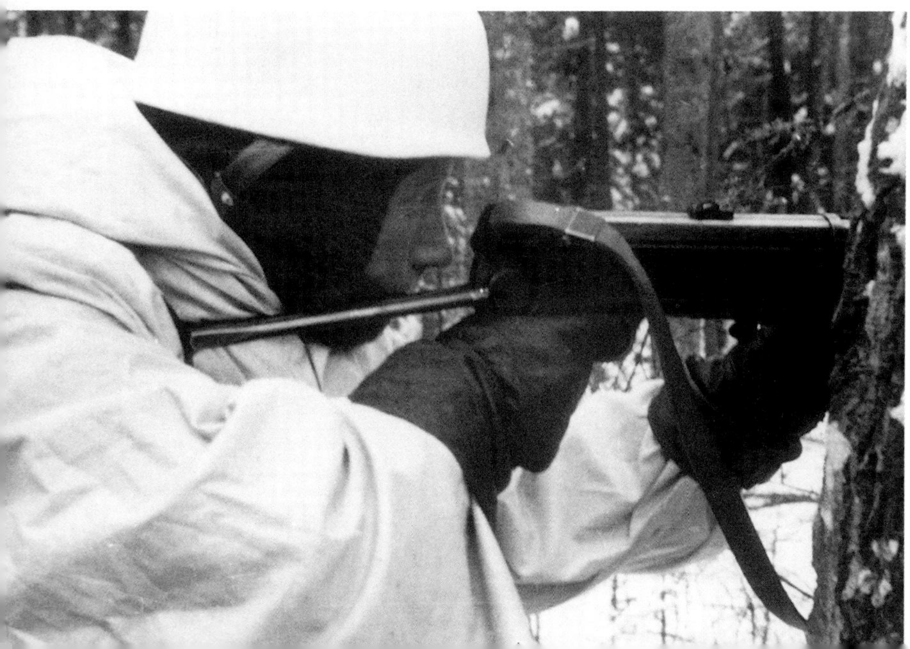

**Links:** *Ein Mitglied der Kampfgruppe* Heydte *in den Ardennen. Der letzte Fallschirm-Angriff der Fallschirmjäger im Zweiten Weltkrieg war ein Fiasko. Ein nach dem Krieg zusammengestellter Bericht über deutsche Luftlandeoperationen, zu dem auch von der Heydte selbst beitrug, fasste die Ursachen knapp zusammen: „Die eingesetzte Truppe war viel zu klein (nur ein Bataillon nahm an dem Angriff teil); die Ausbildung der Fallschirmjäger und Transporter-Staffeln war unzulänglich; die Alliierten besaßen die Luftüberlegenheit; das Wetter war ungünstig; die Vorbereitungen und Anweisungen waren mangelhaft und der Angriff durch die Bodentruppen misslang. Kurz: Es fehlten fast alle Voraussetzungen für einen Erfolg."*

Kampfgruppe *Peiper* (die in Malmédy amerikanische Kriegsgefangene ermordete) zugeteilt, der Rest kam zu anderen SS-Einheiten und erreichte am 19. Dezember Schoppen. Am 20. Dezember gelangten andere Teile der 3. Fallschirmjägerdivision bis Ligneuville, doch der anwachsende Druck der Amerikaner stoppte hierauf ihren Vormarsch.

Die 5. Fallschirmjägerdivision, die die Südflanke der 5. Panzerarmee bei deren Vorstoß zur Maas deckte, traf fast sofort auf starken US-Widerstand und musste sich auf die Sturmgeschütze der 11. Selbstfahrlafetten-Fallschirmbrigade stützen. Am 20. Dezember nahmen die Paras Wiltz, machten dabei 1000 Gefangene und erbeuteten 25 Shermas und einige Lastwagen. Doch dies war ihr letzter Erfolg. Ab dem 23. wurde sie von alliierten Flugzeugen und Elementen der 3. US-Armee und der 4. US-Panzerdivision angegriffen. Sie wurde nach Bastogne zurückgedrängt, wo die 101. US-Luftlandedivision immer noch

**Unten:** *Gefallene Deutsche bei Bastogne, das Elemente der 5. Fallschirmjägerdivision am 24. Dezember 1944 angriffen. Ihre Männer waren zwar mutig und unverwüstlich, doch die Division litt an chronischem Mangel an Artillerie und Fahrzeugen und viele ihrer Männer hatten wenig Munition und Waffen.*

von deutschen Einheiten belagert wurde. Die 5. führte am 24. Dezember einen Angriff, wurde aber danach mit anderen Einheiten zur Ausgangslinie der Offensive zurückgetrieben. Die „Wacht am Rhein" war zu Ende.

## Zusammenbruch im Westen

Am 28. Januar 1945 wurden die letzten Spuren der deutschen „Ausbuchtung" in den Ardennen beseitigt. Die deutschen Gesamtverluste in der Offensive betrugen 100.000 Gefallene, Verwundete oder Gefangene. Die Amerikaner verzeichneten 81.000 Tote, Verwundete oder Gefangene, die Briten 1400. Beide Teile verloren viel Material: jeder etwa 800 Tanks, die Deutschen zudem fast 1000 Flugzeuge. Die Fallschirmjägerdivisionen waren nur noch Schatten ihrer selbst. Männer und Material waren dezimiert. Doch ihre Moral blieb hoch, und sie setzten den Kampf fort.

Ende 1944 wurde die 2. Fallschirmjägerdivision in Holland überholt. Im Januar 1945 ging sie in den Kampf. Sie beendete den Krieg im April 1945 im Ruhrgebiet. Die 3. Fallschirmjägerdivision, die in der Ardennenschlacht übel zugerichtet worden war, wurde 1945 bei Verteidigungskämpfen in Deutschland dezimiert. Sie und die 5. Fallschirmjägerdivision kapitulierten ebenfalls im Ruhrgebiet. Die 1. Fallschirmjägerdivision setzte die Verteidigung Hollands und der Zugänge zum Rhein bis 1945 fort, dann ging sie ans Ostufer des Flusses. Sie ergab sich im April 1945 im Gebiet von Oldenburg.

In den letzten Kriegswochen wurden neben zahlreichen Bataillonen, die aus Luftwaffen-Ausbildungs- oder -Bodeneinheiten gezogen wurden, Fallschirmjägerdivisionen gebildet, die dies bloß dem Namen nach waren. Sie sollten zerrissene Verteidigungslinien stützen oder hoffnungslose Gegenangriffe führen. Die Jungen dieser Einheiten kämpften entschlossen gegen immense

**Unten:** *Fallschirmjäger ergeben sich im April 1945 US-Truppen, während das Dritte Reich zusammenbricht. Fast sechs Jahre lang hatten die Luftlandetruppen tapfer gekämpft, wie Student selbst bemerkte: „Die deutschen Fallschirmtruppen haben an jeder Front die besten soldatischen Tugenden, großen Angriffsgeist und vor allem eine unübertroffene Bereitschaft zum Opfer gezeigt."*

**Oben:** *Im April 1945 im Ruhrgebiet gefangen genommene Deutsche, unter ihnen die Überreste der 2., 3. und 5. Fallschirmjägerdivision.*

Übermacht und hielten den Geist der Fallschirmjäger bis zuletzt aufrecht. Im März 1945 wurde bei Linz die 11. Fallschirmjägerdivision gebildet. Bis zum 20. April waren nur 4450 Mann beisammen. Sie wurden schrittweise im Westen in den Kampf geworfen und kämpften bis zur deutschen Kapitulation Anfang Mai. Oberst Walter Gericke befehligte die Division. Die 20. Fallschirmjägerdivision wurde offenbar im März 1945 in Nordholland gebildet. Ihre Einsätze und ihr Geschick sind unbekannt. Noch weniger weiß man über die 21. Fallschirmjägerdivision, die im April 1945 aufgestellt wurde. Ende April waren wenig Treibstoff, Munition und Waffen übrig, um diese Einheiten auszurüsten, und noch weniger Transportmittel, um sie in die Kampfgebiete zu bringen. Am 8. Mai endeten im Westen alle Kämpfe.

**Oben:** *Fallschirmjäger salutieren einem schwer beladenen Fieseler Storch mit dem befreiten „Duce" an Bord kurz vor dessen Abflug vom Gran-Sasso-Plateau.*

# SONDER-EINSÄTZE

*So wie für große Einsätze konnten Luftlandetruppen auch für kleine, präzise Missionen benutzt werden, die erstaunliche Erfolge brachten. Doch solche Einsätze waren sehr riskant und die Grenze zwischen Erfolg und Scheitern war schmal. Wie die Deutschen schmerzlich merkten, konnten Desaster und hohe Verluste der Preis für Verwegenheit sein.*

**Links:** *Otto Skorzeny, der SS-Offizier, der die Befreiung Mussolinis vom Gran Sasso im September 1943 leitete. Die dabei eingesetzten Fallschirmjäger waren von der Luftwaffe, doch die SS und Skorzeny bekamen die Anerkennung für die Mission. Skorzeny selbst erhielt das Ritterkreuz.*

Während des Kriegs gab es eine Reihe kleiner Fallschirmjäger-Aktionen, die den Geist der deutschen Luftlandetruppen kennzeichnen. Die erste und spektakulärste war die Befreiung des italienischen Diktators Benito Mussolini vom Gran Sasso in Italien.

Die Niederlagen der Achse in Nordafrika und Sizilien hatten die Glaubwürdigkeit des faschistischen Regimes Mussolinis geschwächt, wie er selbst bemerkte. Am 17. Juli 1943 traf er in Feltre im Veneto Hitler, um ihm Italiens Rückzug aus dem Krieg anzukündigen. Doch war er dann vom deutschen „Führer" eingeschüchtert und hielt den Mund. Die Ereignisse entglitten seiner Hand: Am 24. Juli tagte der faschistische Große Rat und übertrug dem König die militärische Macht. Am folgenden Tag wurde Mussolini arretiert und Marschall Pietro Badoglio bildete eine neue Regierung.

Als Hitler von Mussolinis Sturz erfuhr, entschied er, Italien den Rückzug aus dem Krieg nicht zu erlauben. Seine Truppen kontrollierten Rom und

Norditalien und sollten dort auch bleiben (vgl. Kapitel 7). Bezüglich des *Duce* entschied Hitler, dass er befreit werden solle. Er rief daher SS Hauptsturmführer Otto Skorzeny in sein Hauptquartier in Ostpreußen und erklärte, er werde „Italiens größten Sohn in der Stunde der Not nicht im Stich lassen."

Skorzeny war in der Waffen-SS, doch für diese Mission wurde er der Luftwaffe unterstellt. Sein erstes Problem war, Mussolini zu finden. Dieses war gelöst, als durch abgefangene Funksprüche der Aufenthaltsort identifiziert wurde: auf dem Gran-Sasso-Plateau im Apennin, 128 km nordöstlich Roms. Der Duce wurde auf dem Plateau in einem Hotel festgehalten, was die Befreiung knifflig machte. Skorzeny hatte drei Optionen: einen Bodenangriff, eine Fallschirmlandung oder einen Segler-Angriff. Ein Bodenangriff benötigte zu viele Männer, ein Fallschirmangriff war unklug, da die Männer das Plateau verfehlen konnten. Damit blieb der Segler-Angriff übrig.

## Die Operation beginnt

Am Nachmittag des 12. September 1943 hoben vom Flugplatz Practica de Mare nahe Rom zwölf voll besetzte DFS-230-Segler ab. An Bord befanden sich Männer der Waffen-SS und des 7. Fallschirmjägerregiments (weitere Fallschirmjäger wurden losgeschickt, den Flugplatz des nahen Aquila einzunehmen) sowie der pro-deutsche italienische Offizier General Spoleti, den man mitnahm, um unnötiges Blutvergießen zu vermeiden. Skorzeny verlor während des Starts und des Flugs vier Segler. Als sich die restlichen ihrer vorgesehenen Landezone hinter dem Hotel näherten, entdeckte man, dass diese völlig

**Oben:** *Ein DFS-230-Segler am felsigen Abhang des Gran Sasso. Der DFS 230 war ein leichtgewichtiger Segler, gebaut aus Rohren und Leinwand, was ihn gut manövrierfähig machte. Spätere Modelle besaßen einen Bremsschirm und sogar Bremsraketen in der Schnauze. Fürs Abheben besaß das Gerät Räder, die im Flug abgeworfen werden konnten, sodass die Landung auf einer ventralen Gleitkufe im Zentrum erfolgte. Die Insassen bestanden meist aus einem Piloten und neun Mann. Es gab nur eine Tür backbords, doch entfernbare Paneele an beiden Seiten des Rumpfs ermöglichten notfalls einen raschen Ausstieg. Insgesamt wurden über 2000 DFS 230 hergestellt.*

ungeeignet war. Sie war tatsächlich ein sehr steiler Hang, und die Segler mussten daher vor dem Gebäude landen. In rascher Folge führten die Flugzeuge Bruchlandungen durch. Skorzeny stürmte zum Hotel, drang ein und trat im Erdgeschoss den Stuhl unter einem Funker weg, um jede Kommunikation mit der Außenwelt zu verhindern. Die geschockten italienischen Wächter gaben keinen Schuss ab, als die Waffen-SS- und Fallschirmjäger-Truppe das Plateau sicherte und Mussolini befreite. Die einzigen Opfer waren die Männer in einem Segler, der eine sehr schwere Bruchlandung hinlegte.

Nach der Befreiung des Duce bestieg Skorzeny mit diesem einen Fieseler Storch. Das Kommando flog nach Rom, dann nach Wien und weiter nach Ostpreußen. Skorzeny erhielt für die Operation das Ritterkreuz, während Mussolini eine Form der Gefangenschaft gegen eine andere eintauschte.

## Luftlandeeinheiten der Waffen-SS

So wie die Luftwaffe entwickelte auch die SS (Schutzstaffel) eine Fallschirmtruppe und unterhielt bis Kriegsende eine kleine Organisation. Das 500. SS-Fallschirmjägerbataillon wurde formell am 6. September 1943 gebildet und bestand aus Männern der SS-Bewährungsabteilung. Als Strafeinheit hatte sie Offiziere, die freiwillig von verschiedenen Waffen-SS-Divisionen überwechselten. Auch die Hälfte der Mannschaften bestand aus Freiwilligen. Die andere Hälfte waren auf Bewährung entlassene Gefangene aus SS-Strafkompanien. Diese Männer erhielten die Chance, durch den freiwilligen Dienst im Bataillon und die Übernahme besonders gefährlicher Einsätze ihre Ehre wiederherzustellen und ihr Strafregister zu säubern. Die neu gebildete Einheit hatte jedoch wegen ihrer zahlreichen Angehörigen mit zweifelhafter Vergangenheit keinen guten Ruf. Dabei muss man die Implikationen des Ausdrucks „in Strafgewahrsam“ bedenken.

**Unten:** *Fallschirmjäger sprinten am Gran Sasso zum Angriff. General Kurt Student überließ Skorzeny für die Mission das 1. Bataillon des 7. Fallschirmjägerregiments. Dies war eine großzügige Geste, da das Regiment im Februar 1943 im Vannes/Bretagne-Gebiet in Frankreich aus dem Fallschirmjäger-Demonstrationsbataillon des XI. Fliegerkorps gebildet worden war – eine Elite innerhalb der Elite. Der erste Kommandeur des Regiments war Oberst Ludwig Straub.*

SS-Obersturmbannführer Horst Bender war ein Rechtsanwalt, der später Karriere auf juristischen Posten in der Waffen-SS, dem SS-Hauptamt und der SS-Rechtsabteilung machte. Er beendete den Krieg als Chef der Himmlers persönlichem Stab angeschlossenen Rechtsabteilung und Chef des juristischen Ressorts der Waffen-SS. Er war wesentlich an der Formulierung der Gedanken beteiligt, die zur Einführung der SS-Bewährungsabteilung führten.

Am 20. August 1942 übertrug Hitler Otto Thierack, dem Reichsjustizminister, ein Mandat, das ihn zur Abweichung von jedem bestehenden Gesetz ermächigte, um eine nationalsozialistische Rechtssprechung zu etablieren. Joseph Goebbels, der Propagandaminister, schlug vor, dass neben Juden und Zigeunern noch viele andere „durch Arbeit vernichtet" werden könnten. Martin Bormann, Leiter der Parteikanzlei, verschaffte Thierack eine Zusammenkunft mit Himmler in Schitomir. In Anwesenheit Benders und SS-Gruppenführer und Generalleutnant der Polizei und Waffen-SS Bruno Streckenbachs erzielten sie eine Übereinkunft auf der Grundlage der „Auslieferung asozialer Elemente aus dem Strfavollzug an den Reichsführer SS zur Vernichtung durch Arbeit". Betroffen waren Juden, Zigeuner, für drei oder mehr Jahre inhaftierte Polen und zu lebenslanger Haft verurteilte Tschechen und Deutsche.

Himmler präzisierte dies auf Deutsche mit acht- oder mehrjähriger Haftstrafe. Bender machte zudem Vorschläge für eine Bewährungsabteilung. Himmler sah in Dirlewangers Strafbrigade, einem weiteren Waffen-SS-Verband, einen wichtigen Teil der Waffen-SS-Disziplin und verband sie mit dem 500. SS-Fallschirmjägerbataillon als Möglichkeit der Wiederherstellung der Ehre. Bender erhob Einspruch, als SS-Obergruppenführer Gottlob Berger 1944 alle in Marienwerder in Haft Befindlichen zu Dirlewangers Einheit verlegen wollte. Bender riet Himmler, nur die wegen krimineller Vergehen Verurteilten auszuwählen, die die Fallschirmjägereinheit nicht aufnehmen würde.

**Unten:** *Das Hotel Campo Imperatore auf dem Gran Sasso, wo Mussolini im September 1943 festgehalten wurde. Dort erfuhr er vom italienischen Waffenstillstand und der Kapitulation, die als eine Bedingung seine Übergabe an die Alliierten verlangte. Doch die Deutschen hatten andere Pläne.*

**Oben:** *Der* Duce *ist frei! Die Operation war so erfolgreich, dass während der Befreiung von beiden Seiten kein Schuss abgegeben wurde. Die ersten Worte, die Skorzeny zu Mussolini sagte, waren: „Duce! Der Führer hat mich geschickt! Sie sind frei!" Doch Mussolini merkte bald, dass er bloß eine Art der Gefangenschaft gegen eine andere eintauschte, denn er war nun zur Marionette des deutschen Diktators geworden.*

Anfang 1941 war es für die Planung des deutschen Angriffs auf die Sowjetunion wesentlich, dass Jugoslawien unter die Kontrolle der Achse kam. Das Scheitern der Diplomatie kündigte wie so oft einen deutschen Überfall an (vgl. Kapitel 4). Die Operation war nicht so sehr ein Sieg der deutschen Waffen als einer der Stabsplanung und Organisation. Das Unternehmen „Strafgericht" begann am 6. April 1941. „Belgrad muss durch unaufhörliche Luftangriffe bei Tag und bei Nacht zerstört werden", hatte Hitler verlangt. Er sollte seinen schnellen Sieg erhalten, da die Wehrmacht einen weiteren leichten Triumph gegen einen unterlegenen Gegner errang.

Doch während der folgenden deutschen Besatzung wuchsen die jugoslawischen Partisanenverbände, die Jugoslawische Nationale Befreiungsarmee (JANL), so sehr an, dass sie die deutsche Militärpräsenz ernsthaft untergruben. Ganze Regionen des Landes wurden zurückerobert, andere deutsch besetzte Gebiete waren in Gefahr. Deutsche Offensiven mit Bodentruppen hatten wenig militärischen Erfolg. Die Partisanen vermieden die direkte Konfrontation. Trafen sie auf eine überlegene feindliche Truppe, so zerstreuten sie sich einfach und suchten in den Bergen Zuflucht. In den ersten Monaten der Besatzung hatte diese Taktik gut funktioniert. Doch als die Organisation von Korps und Divisionen erreicht und ein Nationales Hauptquarteier eingerichtet war, war eine solche Vermeidungsstrategie nicht länger plausibel. Die Zerstreuung und dann Wiedereinsetzung des Hauptquartiers brauchte nicht nur Zeit und Mühe, sie führte auch zur Störung der Partisanenoperationen.

Die deutschen Offensivoperationen von 1942 und 1943 führten zu etlichen derartigen Reaktionen des JANL-Hauptquartiers. Im Herbst 1943 begann eine fünfte Offensive (Deckname „Kugelblitz"), und es wiederholte sich das Problem. Bei dieser Operation wurde die deutsche 1. Gebirgsdivision gemeinsam mit der kroatischen 369. Division, Teilen der 187. Division und der 7. SS-Freiwilligen-Gebirgsdivision *Prinz Eugen* (Teil des V. SS-Gebirgskorps) eingesetzt. Die Bulgaren stellten eine Division. Ebenfalls in der Schlachtreihe standen Abteilungen des Bataillons Brandenburg, die auf Nachrichtendienst und Spionageabwehr spezialisiert waren. Am 18. Dezember wurde die Offensive wegen schlechter Planung und nachdem die Bulgaren (die nun verzweifelt versuchten, sich aus der verheerenden Allianz mit den Deutschen zu befreien) die Ausführung ihrer Befehle verweigert hatten, abgebrochen.

## Tito – ein schwer fassbarer Widersacher

1944 wurde die Offensive in einem Versuch, den Druck aufrechtzuerhalten, unter dem Decknamen „Schneeschauer" wieder aufgenommen, allerdings ohne die Bulgaren und die Division *Prinz Eugen*. Diese war zur weiteren Ausbildung und Umstrukturierung in die Nähe von Dubrovnik verlegt worden. Als Ersatz befahl Himmler, der sicher war, seine moslemischen SS-Männer würden mit den Serben gnadenlos umgehen, die 13. SS -Waffen-Gebirgsdivision *Handschar* heran. Sein Vertrauen wurde nicht enttäuscht. Die Division zeichnete sich bei dieser ihrer ersten größeren Aktion durch das Ausmaß ihrer Gräueltaten aus. Dazu zählte etwa das Herausschneiden der Herzen, um sich des Todes ihrer Opfer zu versichern. Die Offensive versandete wie alle vorherigen, ohne mehr erreicht zu haben, als dass der Feind von einer Region in die nächste wechselte. Josip Tito, der Führer der Partisanen, teilte seine Armee in vier Korps und sandte in jeden Teil des Landes eines. So konnte keine einzelne Offensive seine Bewegungen ausschalten.

Doch „Schneeschauer" zwang ihn, sein Hauptquartier zu verlegen, diesmal von Jajce zur kleinen Stadt Drvar im bosnischen Hochland. Dort wurde es in einer Höhle, die sich in einer engen Bergspalte in der Nähe der Stadt befand, eingerichtet. Die Höhle war nicht nur von der Luft aus nicht zu sehen, sodass sie fast unmöglich zu entdecken und treffen war, sie besaß auch einen Ausgang, durch den der Partisanenführer entkommen konnte, falls ihn feindliche Truppen zu umzingeln drohten. Im Frühling 1944 entschied das deutsche Ober-

**Unten:** *Rechts von Mussolini geht General Spoleti, den man um die Teilnahme an der Operation von Gran Sasso gebeten hatte, um unnötiges Blutvergießen zu vermeiden. Der Trick funktionierte. Als die Segler landeten, stürmte Spoleti zum Hotel und schrie: „Nicht schießen! Nicht schießen!" Und die Carabinieri-Wachen schossen nicht.*

**Oben:** *Oberleutnant von Berlepsch (rechts), Kommandeur der 1. Kompanie des 7. Fallschirmjägerregiments, schüttelt Major Mors, dem Kommandeur des 1. Bataillons des Regiments, die Hand. Von Berlepschs Kompanie stand an der Spitze der Operation am Gran Sasso. Beachten Sie den DFS-230-Segler in der oberen rechten Ecke des Fotos.*

kommando, der einzig tödliche Schlag gegen die Partisanen sei, ihren Kommandeur zu töten oder zu fangen. Dazu ersann es den kühnen Plan eines Luftlandeangriffs. Seit dem verlustreichen Sieg auf Kreta im Mai 1941 wurden die deutschen Fallschirmjägerverbände hauptsächlich als Eliteinfanterie eingesetzt. Die SS, Neulinge in dieser Art der Kriegsführung, sollte die Angriffstruppe für die geplante Operation (Deckname „Rösselsprung") stellen. Der Stichtag für das gefährliche Unternehmen war der 25. Mai 1944 – das war vielleicht Absicht, denn dies war Titos Geburtstag.

Der Himmel über Jugoslawien gehörte zu dieser Zeit der deutschen Luftwaffe. Vermutete oder bekannte Partisanenstützpunkte konnten also beliebig angegriffen oder bombardiert werden. Zum Ausgleich für diesen Vorteil würden die deutschen Luftlandetruppen ohne schwere Waffen und mit begrenzter Munitionsmenge in den Kampf gehen. Das SS-Fallschirmjägerbataillon war auch zahlenmäßig unterlegen und der Feind war gut ausgerüstet und bewaffnet. Die SS konnte sich nur auf abgeworfenen Nachschub verlassen und die Maschinen würden dazu durch einen Korridor von Flak fliegen müssen.

Alle Ränge des 500. SS-Fallschirmjägerbataillons hatten in der Kralyevo-Fallschirmspringerschule in Serbien eine Ausbildung oder ein Auffrischungstraining erhalten. Ihre erste Mission würde blutig sein und eine geringe Erfolgschance haben. Mit solchen Operationen konnten verzweifelte Männer ihre Ehre wiederherstellen (falls sie überlebten). Unter Führung SS-Hauptsturm-

**Oben:** *Zur Rechten Mussolinis schreitet Otto Skorzeny. Er trägt die Tropenuniform eines Hauptmanns der Luftwaffe. Alle 26 Männer des Waffen-SS-Sonderkommandos Skorzenys trugen Luftwaffen-Uniformen. Skorzeny war für das Aufspüren Mussolinis verantwortlich, strich aber später allen Ruhm für dessen Befreiung ein.*

führer Rybkas sollte die Einheit mit Fallschirmen und Seglern auf einem Plateauhang, der flach genug für Segler war, landen. Die Stelle befand sich im bosnischen Industriegebiet von Drvar, dem Ort des Berghauptquartiers Titos. Ziel war die Gefangennahme des Guerillaführers und die Vernichtung seiner Partisanenbewegung. Das 500. SS-Fallschirmjägerbataillon, über 600 Mann, würde im Zentrum eines Gebiets landen, das von mindestens 12.000 Partisanen gehalten wurde. Wegen Flugzeugknappheit konnten die Fallschirmjäger nicht in einem Transport befördert werden. Der erste Absprung sollte um 7 Uhr, der zweite gegen Mittag erfolgen. Die Springer sollten zunächst den Platz nehmen und halten. Danach würden die Männer mit Seglern, bei denen es zu wenige DFS 230 für mehr als einen Angriff gab, landen und den Partisanenkommandeur gefangen nehmen. Hierauf würde das Bataillon das Gebiet halten, bis es durch eine Heeres-Kampfgruppe und Waffen-SS-Einheiten entsetzt würde. Die Kampfgruppe hatte Befehl, die Entsatzoperation während des ersten Tags der Absprünge durchzuführen.

## Der Angriff beginnt

Nach Plan setzte am 25. Mai kurz nach 7 Uhr ein Schwarm von Ju 52 seine Fracht, Fallschirmjäger des Bataillons SS-Hauptsturmführer Rybkas, über Drvar ab. Die erste Welle war in drei Komandos geteilt und Rybka sprang mit der ersten Gruppe ab. Ihnen folgten Wellen von Zugmaschinen für Segler, insgesamt 40. Die Fallschirmjäger landeten und hatten binnen Minuten die ausgestorbene Stadt und die Umgebung eingenommen. Als die Landungszone gesichert war, kamen die kreisenden Segelflugzeuge herunter und entließen das 320-Mann-Sturmkommando. Dieses war in sechs Gruppen unterteilt. Jeder von ihnen war ein spezielles Ziel zugeteilt. Die Aufgabe, die „Zitadelle“, Titos

**Unten:** *Diese schmuddeligen Fallschirmjäger gehörten zu einem Kommando, das während der Gran Sasso-Operation die Seilbahnstation am Fuß des Monte Corno sichern sollte. Doch die Seilbahn war nicht betriebsfähig und der befreite italienische Diktator wurde in einem Fieseler Storch mit General Students eigenem Piloten, Hauptmann Gerlach, am Steuer vom Plateau geflogen. Nach dem Abheben sank die Maschine ins Tal, ehe Gerlach sie auf Flughöhe hochziehen konnte. Mussolini wurde zum Flugplatz Practica de Mare geflogen, dort in eine Heinkel verfrachtet und nach Wien gebracht. Von hier ging es nach München und dann weiter zu Hitlers Hauptquartier in Ostpreußen.*

Hauptquartier in der Höhle, anzugreifen, hatte *Panther*, die größte Seglergruppe, bestehend aus 110 Mann. Dieser Gruppe sollten sich Rybka und seine Gruppe anschließen. Sie marschierten von der Stadt zum Hang, wo sich die sechs Segler der Gruppe *Panther* befanden. Der Angriff war für die Verteidiger zweifellos eine Überraschung, doch die Deutschen hatten trotzdem Probleme. Etliche Segler waren bei der Landung abgestürzt und alle ihre Insassen getötet worden. Zum Glück für die Deutschen waren die sechs Geräte der Gruppe *Panther* nur Meter von ihrem Ziel, dem Höhleneingang, entfernt gelandet. Als Rybka sah, wie nahe die Segler der Höhle waren, meinte er, er könne die Männer rasch ordnen und den Sturm beginnen, der zur Gefangennahme Titos führen würde. Die Zeichen schienen gut zu stehen.

Die Reaktion des Geleitbataillons des Partisanenführeres und anderer um den Höhlenzugang stationierter jugoslawischer Truppen erfolgte jedoch prompt, und schon als die hölzernen, zerbrechlichen Segler über das felsige Terrain glitten, wurden sie von Geschützfeuer durchsiebt. Als Rybka eintraf, fand er den Platz in ein Schlachthaus verwandelt. Er rief die SS-Fallschirmtruppen in die Stadt, indem er eine rote Leuchtkugel abfeuerte. Die meisten kamen im Eilschritt zu ihm. Die Partisanen besaßen schwere Waffen und waren an Zahl überlegen. Dazu hielten sie gut verstärkte Verteidigungsstellungen. Für den Kampf gegen diese Furcht einflösende Übermacht waren die SS-Fallschirmtruppen nur mit ihrem Mut, ihrer Ausbildung und dem unerschütterlichen Glauben an das SS-Ethos ausgerüstet. Sie sammelten sich und versuchten, die „Zitadelle" zu nehmen, doch es war ein ungleicher Kampf. Unter der über-

legenen Feuerkraft der Verteidiger brach der erste Ansturm zusammen. Der SS-Trupp gruppierte sich trotzdem um, griff den ganzen Morgen hindurch an und warf Welle auf Welle gegen den Feind. Einige Angriffe gewannen Boden, bei anderen wurde welcher verloren. Während der heftigen Kämpfe gelang es der SS nie, in Titos Höhle einzudringen. Als der Mittag kam, war allen klar, dass der „Rösselsprung" keine Chance hatte, sein Ziel zu erreichen.

Inzwischen schwer verstärkt, ergriffen die Partisaneneinheiten die Initiative und gingen zum Gegenangriff über. Zu Mittag erfolgte ein zweiter Absprung von SS-Fallschirmtruppen, doch inzwischen waren alliierte Fliegereinheiten in Bari in Italien auf die Vorgänge aufmerksam geworden und flogen Einsätze über

**Links:** *Vorbereitung für einen Einsatz 1943 oder 1944. Die Tage der umfangreichen Fallschirmabsprünge waren da schon vorüber, doch die Fallschirmjäger führten noch eine Reihe kleiner Absprünge durch. Einer davon war der Angriff auf die Insel Elba am 17. September 1943. Nach der alliierten Invasion in Italien Anfang September (vgl. Kapitel 7) beschloss das deutsche Oberkommando, Elba, auf dem zu jener Zeit eine italienische Garnison stand, zu sichern. Nach einem Luftbombardement landeten Männer des 3. Bataillons, 7. Fallschimjägerregiment, auf der Insel und hoben die gelähmte Garnison aus. Der Absprung war ein totaler Erfolg, doch nutzlos, da die Alliierten bei Anzio landeten – eine Besetzung Elbas hatten sie nicht geplant.*

**Oben:** *Fallschirmjäger posieren nach der Drvar-Operation im Mai 1944 mit der neuen Uniform Marschall Titos. Wie die Waffen-SS waren auch die Brandenburger an Luftlandeoperationen beteiligt. Am 5. Oktober 1943 etwa nahm das Fallschirmjägerregiment der Division Brandenburg in einem durch die 22. Luftlandedivision unterstützten Angriff die Insel Kos. Teile derselben Einheiten, verstärkt durch das 1. Bataillon des 2. Fallschirmjägerregiments, griffen am 12. November 1943 auch die Insel Leros an (das deutsche Oberkommando fürchtete, beide Inseln könnten als vorgeschobene Basen für eine Invasion auf dem Balkan dienen). Leros war stark verteidigt und es waren fünf Tage Kampf nötig, bis die Insel gesichert war.*

der Kampfzone. Die Ankunft der zweiten Welle von SS-Fallschirmtruppen veränderte die düstere Lage wenig. Die Landungszone lag unter Maschinengewehr- und Mörserfeuer, sodass die Fallschirmtruppen schwere Verluste erlitten. Trotzdem gab es einen weiteren Sturm auf die Höhle, nachdem sich die Überlebenden mit dem Hauptteil des Bataillons verbunden hatten. Er scheiterte. Auf jugoslawischer Seite trafen ständig neue Einheiten ein, um die abzulösen, die die Hauptwucht des ersten Angriffs der Deutschen getroffen hatte.

## „Rösselsprung" bricht zusammen

Am späten Nachmittag beschloss Rybka widerwillig, sich aus dem Gebiet um die Höhle zurückzuziehen. Die Überreste des Bataillons sollten sich innerhalb der Friedhofsmauern der Stadt sammeln, bis sie entsetzt wurden. Das gelang den erschöpften SS-Fallschirmjägern erst in der Nacht. Die 1. Gebirgsdivision und die 7. SS Freiwilligen-Gebirgsdivision *Prinz Eugen* hatten sich nicht wie geplant innerhalb von 24 Stunden mit ihren Luftlandekameraden verbinden können. Auf den Karten des deutschen Hauptquartiers kurz erscheinende Entfernungen dehnten sich aus, wenn jeder Meter des Wegs von Partisanen und Hinterhalten bedroht war.

Der Feind war nun äußerst zuversichtlich, die Männer des SS-Bataillons, die in Drvar umzingelt waren, vernichten zu können. Doch die Alliierten glaubten, Titos Lage sei verzweifelt, und beschlossen, ihn auszufliegen. Deshalb brachte ihn am 3. Juni eine Dakota der RAF nach Italien. Eine Woche darauf richtete Tito auf der von Briten bzw. Partisanen gehaltenen Insel Vis ein neues Hauptquartier ein.

In Drvar war das SS-Bataillon durch die Toten und Verwundeten, die es hinnehmen hatte müssen, geschwächt, doch seine Moral blieb hoch. In der folgen-

**Oben:** *Otto Skorzeny, fotografiert in Budapest. Der Eingang des Gebäudes wird von zwei Waffen-SS-Fallschirmjägern bewacht. Das 600. SS-Fallschirmjägerbataillon wurde in den späteren Phasen des Kriegs an der Ostfront als „Feuerwehr" eingesetzt und kämpfte bis April 1945 an der Oder. Seine Überlebenden konnten sich US-Truppen ergeben und vermieden es so, den Sowjets in die Hände zu fallen, was fast sicher ihre Exekution bedeutet hätte.*

den kalten Nacht wehrte es alle Angriffe ab. Als es dämmerte, hörten sie ein entferntes Geräusch näher kommen: das Knattern von MG 42. Dann hörte man nahe des Friedhofs das raue Husten von Motoren, das das Näherkommen einer Gruppe von Schwimmwagen ankündigte. Diese führten eine Kampfgruppe des 13. Regiments der 7. SS Freiwilligen-Gebirgsdivision *Prinz Eugen*, die die Linien der Partisanen durchstoßen hatte. Die kurze, doch verheerende Schlacht war vorüber. Ergebnis der Operation „Röselsprung" war, dass die Partisanen etwa 6000 Opfer verzeichneten. Andererseits antworteten beim Anwesenheitsappell des Bataillons nach dem Ende des Kampfes nur 200 Mann. Der Rest war tot oder verwundet. Die Deutschen hatten ihr Hauptziel, Tito zu fangen, nicht erreicht. Doch zu ihrem Trost hatten sie seine elegante Uniform als Marschall von Jugoslawien erbeutet!

Himmler war von der ausgezeichneten Kampfesleistung bei der Drvar-Operation beeindruckt. Ihn entzückte die gezeigte Tapferkeit und Standhaftigkeit, besonders im umzingelten Friedhof. Er setzte die Männer mit zweifelhafter Akte wieder in ihre Ränge ein. Die Einheit wurde in 600. SS-Fallschirmjägerbataillon umbenannt. Damit war jede Verbindung zum Bataillon 500 gelöscht und auch die Verwechslung mit dem SS-Jägerbataillon 500 ausgeschaltet. Am 10. November 1944 wurde das 600. SS-Fallschirmjägerbataillon Teil der SS-Jagdverbände (die für die Partisanenbekämpfung und Ähnliches eingesetzt wurden). Es behielt aber seine Identität und operierte weiterhin als separate Einheit. Innerhalb der SS-Jagdverbände gab es Untereinheiten wie das SS-Sturmbataillon 500, dem zwei Kompanien mit Fallschirmspringerausbildung (Dora I und Dora II) angeschlossen waren. Das 600. SS-Fallschirmjägerbataillon diente bis Kriegsende als Kampfeinheit an der Ostfront. Es erübrigt sich zu sagen, dass es schwere Verluste erlitt, als die deutschen Streitkräfte den Vormarsch der Roten Armee aufzuhalten versuchten.

# 7. FLIEGERDIVISION, SCHLACHTORDNUNG NOVEMBER 1938

**Stab (Tempelhof)**
Generalmajor Student

**1. Bataillon, 1. Fallschirmjägerregiment (Stendal)**
Oberstleutnant Bräuer

**Fallschirm-Infanteriebataillon (Braunschweig)**
Major Heidrich

**Luftlandebataillon**
Major Sydow

**Regiment *General Göring* (Berlin)**
*Gebildet aus:*
Infanteriegeschützkompanie (Gardelegen)
Oberleutnant Schram

**Sanitätskompanie (Gardelegen)**
Major Dieringshofen

**Seglerabteilung (Prenzlau)**
Leutnant Kiess

**Meldekompanie (Berlin)**
Oberleutnant Schleicher

**Ausbildungsschule (Stendal)**
Major Reinberger

**1. und 2. Lufttransportgruppe**
Hauptmann Morzik

Anfang 1939 gab es eine völlige Neuorganisation der deutschen Luftlandeverbände. Der bisher bestehende lose Rahmen musste durch eine mehr formelle Einrichtung ersetzt werden, sollte die 7. Fliegerdivision eine Division im vollen Wortsinn werden. Die Besetzung einer standardmäßigen deutschen Infanteriedivision waren drei Schützenregimenter, jedes mit drei Bataillonen. Die 7. Fliegerdivision besaß zu Beginn des Jahres 1939 nur ein Fallschirmjägerregiment mit einem Bataillon. Zur Besetzung der Division gehörten auch Heidrichs Fallschirm-Infanteriebataillon und Sydows Luftlandebataillon des Regiments *General Göring*, doch diese waren nicht formell als Teil des Fallschirmjägerregiments anerkannt. Als die Zusammenführung durchgeführt wurde, wurde Heidrichs Einheit zum 2. Fallschirmjägerbataillon und Sydows Einheit zum 3. Fallschirmjägerbataillon des 1. Fallschirmjägerregiments. Man richtete einen Stab ein und Bräuer erhielt das Kommando über das 1. Fallschirmjägerregiment. Auf dem Posten des Kommandeurs des 1. Bataillons folgte ihm Major von Grazy nach. Als die formelle Einrichtung des ersten der drei Regimenter der Division erfolgt war, wurde das Werk im Juni 1939 mit der Bildung des 2. Fallschirmjägerregiments fortgesetzt. Bis Ende Juli 1939 waren zwei Bataillone für diese Einheit aufgestellt.

# FALLSCHIRMJÄGERDIVISION 1944

Die Maximalstärke der Division betrug 15.976 Mann. Sie bestand aus drei Fallschirmjägerregimentern, einem Panzerabwehrbataillon, Stabs- und Versorgungseinheiten.

**Fallschirmjägerregiment (3206 Mann)**
*bestehend aus:*
Drei Bataillonen, plus
1 Panzerabwehrkompanie (186 Mann) mit
3 gezogenen 75-mm-PAK
1 Granatwerferkompanie (163 Mann)
mit 9–12 120-mm-Mörsern

**Fallschirmjägerbataillon (853 Mann)**
*bestehend aus:*
3 Jägerkompanien (mit je 170 Mann)
eine MG-Kompanie (205 Mann)
mit 8 schweren Maschinengewehren
vier 81-mm-Mörsern
zwei rückstoßfreien 75-mm-Kanonen

**Artillerieregiment (1571 Mann)**
*bestehend aus:*
einem Bataillon von drei Batterien mit
12 75-mm-Gebirgsgeschützen
einem Bataillon von drei Batterien mit
12 rückstoßfreien 105-mm-Kanonen

**Granatwerferbataillon (594 Mann)**
*bestehend aus:*
3 Granatwerferkompanien (jede mit 12
120-mm-Mörsern)

**Panzerabwehrbataillon (484 Mann)**
*bestehend aus:*
einer Kompanie mit
12 gezogenen 75-mm-PAK
einer Kompanie mit
14 75-mm-Selbstfahrlafetten
einer Fliegerabwehrkompanie mit
12 20-mm-Selbstfahrlafetten-FLAK

**Pionierbataillon (620 Mann)**
*bestehend aus:*
drei Pionierkompanien
einer MG-Kompanie

**Fliegerabwehrbataillon (824 Mann)**
*bestehend aus:*
zwei schweren Fliegerabwehrbatterien
(jede mit sechs 88-mm-Kanonen)
einer leichten Fliegerabwehrkompanie
mit 18 gezogenen 20-mm-FLAK

**Fernmeldebataillon (379 Mann)**
*bestehend aus:*
einer Funkerkompanie
einer Telefonkompanie
einer Lichtsignalkompanie

**Sanitätsbataillon (800 Mann)**
*bestehend aus:*
zwei Sanitätskompanien
einem Feldlazarett
einer leichten Sanitätskompanie

**Spähkompanie (200 Mann)**

# RITTERKREUZTRÄGER (FALLSCHIRMJÄGER)

| NAME | DIENSTGRAD | DATUM DER VERLEIHUNG |
|---|---|---|
| Abratis, Herbert | Hauptmann | 24. 10. 44 |
| Adolff, Paul | Major | 26. 3. 43 |
| Altmann, Gustav | Oberleutnant | 12. 5. 40 |
| Arpke, Helmut | Feldwebel | 13. 5. 40 |
| von Baer, Bern (HG) | Oberstleutnant | 13. 1. 44 |
| Barmetler, Josef | Oberleutnant | 9. 7. 41 |
| Becker, Karl-Heinz | Oberleutnant | 9. 7. 41 |
| Behre, Friedrich (HG) | Leutnant | 9. 5. 45 |
| Beine, Erich | Hauptmann | 5. 9. 44 |
| Bellinger, Hans-Josif (HG) | Hauptmann | 30. 9. 44 |
| Berger, Karl | Leutnant | 7. 2. 45 |
| Berneike, Rudolf | Major | 15. 3. 45 |
| Bertram, Karl-Eric | Oberstleutnant | 16. 3. 45 |
| Beyer, Herbert | Hauptmann | 9. 6. 44 |
| Birnbaum, Fritz (HG) | Oberfeldwebel | 19. 10. 44 |
| Blauensteiner, Ernst | Oberstleutnant | 29. 10. 44 |
| Blücher, Wolfgang | Lt. d. R. | 24. 5. 40 |
| Boehlein, Rudolf | Oberleutnant | 30. 11. 44 |
| Böhmler, Rudolf | Major | 26. 3. 44 |
| Bräuer, Bruno | Oberst | 24. 5. 40 |
| Briegel, Hans (HG) | Major | 17. 1. 45 |
| Büttner, Manfred | Feldwebel | 29. 4. 45 |
| *Conrath, Paul (HG) | Oberst | 4. 9. 41 |
| le Coutre, Georg | Leutnant | 7. 2. 45 |
| Delica, Egon | Leutnant | 12. 5. 40 |
| Deutsch, Heinz | Lt. d. R. | 28. 4. 45 |
| Donth, Rudolf | Feldwebel | 14. 1. 45 |
| *Egger, Reinhard | Oberleutnant | 9. 7. 41 |
| Engelhardt, Johann | Oberleutnant | 29. 2. 44 |
| Erdmann, Wolfgang | Generalleutnant | 8. 2. 45 |
| Ewald, Werner | Major | 12. 9. 44 |
| Fitz, Josef-August (HG) | Hauptmann | 11. 12. 42 |
| Foltin, Ferdinand | Hauptmann | 9. 6. 44 |
| Francois, Edmund (HG) | Hauptmann | 20. 10. 44 |
| Fries, Herbert | Gefreiter | 5. 9. 44 |
| Frömming, Ernst | Major | 18. 11. 44 |
| Fulda, Wilhelm | Leutnant | 14. 6. 41 |
| Gast, Robert | Leutnant | 6. 10. 44 |
| Genz, Alfred | Oberleutnant | 14. 6. 41 |
| *Gericke, Walter | Hauptmann | 14. 6. 41 |
| Germer, Ernst | Feldwebel | 29. 10. 44 |
| Gersteuer, Günther | Major | 28. 4. 45 |
| Gerstner, Siegfried | Major | 13. 9. 44 |
| Görtz, Hellmuth | Feldwebel | 24. 5. 40 |
| Graf, Rudolf (HG) | Oberleutnant | 6. 10. 41 |
| *Grassmel, Franz | Maj. d. R. | 8. 4. 44 |
| *Gröschke, Kurt | Major | 9. 6. 44 |
| Grünewald, Georg | Oberfeldwebel | 29. 10. 44 |
| Grunhold, Werner (HG) | Unteroffizier | 30. 11. 44 |
| Hagl, Andreas | Oberleutnant | 9. 7. 41 |
| Hahm, Konstantin (HG) | Major | 9. 6. 44 |
| Hamer, Reino | Hauptmann | 5. 9. 44 |
| Hansen, Hans-Christian (HG) | Hauptmann | 11. 2. 45 |
| Harteit, Wolfgang (HG) | Oberfeldwebel | 23. 2. 45 |
| Hauber, Friedrich | Hauptmann | 5. 9. 44 |
| *Heidrich, Richard | Oberst | 14. 6. 41 |
| *Heilmann, Ludwig | Major | 14. 6. 41 |
| Hellmann Erich | Leutnant | 6. 10. 44 |
| Hengstler, Richard | Hauptmann | 28. 4. 45 |
| Herbet, Erhard (HG) | Oberfeldwebel | 26. 3. 45 |
| Herrmann, Harry | Oberleutnant | 9. 7. 41 |
| Herzbach, Max | Hauptmann | 13. 9. 44 |
| von Heydebreck, Georg (HG) | Oberst | 25. 6. 44 |
| *von der Heydte, Freiherr | Hauptmann | 9. 7. 41 |
| Hoefeld, Robert | Oberleutnant | 18. 5. 43 |
| Hübner, Edward | Hauptmann | 9. 5. 45 |
| Itzen, Dirk (HG) | Leutnant | 23. 11. 41 |
| Jacob, Georg-Rupert | Oberleutnant | 13. 9. 44 |
| Jäger, Rudolf | Ob. Asst. | 13. 5. 40 |
| Jamrowski, Siegfried | Oberleutnant | 9. 6. 44 |
| Jungwirth, Hans | Major | 9. 5. 45 |
| Kalow, Siegfried (HG) | Unteroffizier | 29. 10. 44 |
| Kempke, Wilhelm | Feldwebel | 21. 8. 41 |
| Kerfin, Horst | Oberleutnant | 24. 5. 40 |
| Kerutt, Hellmut | Major | 2. 2. 45 |
| Kiefer, Edward (HG) | Hauptmann | 18. 5. 43 |

*Witzig, Rudolf*

*Beyer, Herbert*

*Germer, Ernst*

*Kurz, Rudolf*

*Görtz, Helmuth*

*Schuster, Erich*

*Reininghaus, Adolf*

*Delica, Egon*

| NAME | DIENSTGRAD | DATUM DER VERLEIHUNG |
|---|---|---|
| Kiess, Walter | Oberleutnant | 12. 5. 40 |
| Klein, Armin (HG) | Leutnant | 12. 3. 45 |
| Kluge, Walter (HG) | Major | 2. 8. 43 |
| Knaf, Walter (HG) | Leutnant | 4. 4. 44 |
| Koch, Karl | Oberfeldwebel | 27. 10. 44 |
| Koch, Walter | Hauptmann | 10. 5. 40 |
| Koch, Willi | Oberfeldwebel | 9. 6. 44 |
| Koenig, Heinz (HG) | Leutnant | 8. 2. 45 |
| Köppen, Eckardt (HG) | Feldwebel | 15. 3. 45 |
| Koepsell, Herbert (HG) | Unteroffizier | 7. 2. 45 |
| Kratzert, Rudolf | Hauptmann | 9. 6. 44 |
| Kraus, Rupert (HG) | Oberleutnant | 30. 11. 44 |
| Krink, Heinz | Leutnant | 9. 6. 44 |
| *Kroh, Hans | Major | 21. 8. 41 |
| Kroymans, Willi | Oberleutnant | 20. 1. 45 |
| Kühne, Martin | Hauptmann | 29. 2. 45 |
| Kuhlwilm, Wilhelm (HG) | Oberleutnant | 30. 11. 44 |
| Kulp, Karl (HG) | Feldwebel | 5. 9. 44 |
| Kunkel, Kurt-Ernst | Leutnant | 30. 4. 45 |
| Kurz, Rudolf | Oberfeldwebel | 18. 11. 44 |
| Langemeyer, Carl | St. Arzt. | 18. 11. 44 |
| Lehmann, Hans-Georg (HG) | Oberleutnant | 10. 10. 44 |
| Leitenberger, Helmut (HG) | Leutnant | 17. 4. 45 |
| Lepkowski, Erich | Leutnant | 8. 8. 44 |
| Liebing, Walter | Major | 2. 2. 45 |
| Lipp, Hans-Hermann | Hauptmann | 31. 10. 44 |
| Mager, Rolf | Hauptmann | 31. 10. 44 |
| Marscholek, Hans | Oberleutnant | 31. 10. 44 |
| *Meindl, Eugen | Generalmajor | 14. 6. 41 |
| *Meissner, Joachim | Leutnant | 12. 5. 40 |
| Menges, Otto | Oberfeldwebel | 9. 6. 44 |
| Mertins, Gerhard | Hauptmann | 6. 12. 44 |
| Meyer, Elimar | Leutnant | 17. 9. 43 |
| *Meyer, Heinz | Hauptmann | 8. 4. 44 |
| Meyer-Schewe, Friedrich (HG) | Oberst | 9. 5. 45 |
| Milch, Werner | Hauptmann | 9. 1. 45 |
| Mischke, Gerd | Leutnant | 18. 5. 43 |
| von Necker, Hanns-Horst (HG) | Oberst | 24. 6. 44 |
| Neuhoff, Karl | Oberfeldwebel | 9. 6. 44 |
| Neumann, Heinrich | Ost. Asst. | 21. 8. 41 |
| Orth, Heinrich | Oberfeldwebel | 18. 3. 42 |

| NAME | DIENSTGRAD | DATUM DER VERLEIHUNG |
|---|---|---|
| Pade, Gerhard | Major | 30. 4. 45 |
| Paul, Hugo | Hauptmann | 18. 11. 44 |
| Peitsch, Herbert | Gefreiter | 29. 10. 44 |
| *Pietzonka, Erich | Oberstleutnant | 5. 9. 44 |
| Prager, Fritz | Hauptmann | 24. 5. 40 |
| Plapper, Albert (HG) | Gefreiter | 30. 11. 44 |
| Quednow, Fritz (HG) | Hauptmann | 5. 4. 44 |
| Rademacher, Emil (HG) | Gefreiter | 23. 2. 45 |
| *Ramcke, Harmann-Bernhard | Oberst | 21. 8. 41 |
| Rammelt, Siegfried | Leutnant | 9. 6. 44 |
| Rapräger, Ernst-Wilhelm | Oberleutnant | 10. 5. 43 |
| Rebholz, Robert (HG) | Hauptmann | 2. 8. 43 |
| Reininghaus, Adolf | Oberfeldwebel | 13. 9. 44 |
| Renisch, Paul-Ernst | Hauptmann | 27. 11. 44 |
| *Rennecke, Rudolf | Hauptmann | 9. 6. 44 |
| Renz, Joachim (HG) | Hauptmann | 6. 12. 44 |
| Richter, Heinz | Leutnant | 24. 3. 45 |
| Ringler, Helmut | Leutnant | 15. 5. 40 |
| von Roon, Arnold | Oberleutnant | 9. 7. 41 |
| *Rossmann, Karl (HG) | Oberleutnant | 12. 11. 41 |
| Sander, Walter | Leutnant | 28. 2. 45 |
| Sandrock, Hans (HG) | Major | 18. 10. 44 |
| Sassen, Bruno | Feldwebel | 22. 2. 42 |
| Schacht, Gerhard | Leutnant | 12. 5. 40 |
| Schächter, Martin | Leutnant | 12. 5. 40 |
| Schäfer, Heinrich | Oberfeldwebel | 8. 8. 44 |
| Scheid, Johannes (HG) | Oberfeldwebel | 21. 6. 43 |
| Schimpf, Richard | Generalleutnant | 6. 10. 44 |
| Schimpke, Horst | Leutnant | 5. 9. 44 |
| *Schirmer, Gerhart | Hauptmann | 14. 6. 41 |
| Schlemm, Alfred | Gl. Fj. Tz. | 11. 6. 44 |
| *Schmalz, Wilhelm (HG) | Major | 28. 11. 40 |
| Schmidt, Herbert | Oberleutnant | 24. 5. 40 |
| Schmidt, Leonhard | Hauptmann | 30. 4. 45 |
| Schmidt, Werner | Major | 5. 4. 44 |
| Schreiber, Kurt (HG) | Hauptmann | 21. 6. 43 |
| von der Schulenburg, Wolf-Werner | Major | 20. 6. 43 |
| *Schulz, Karl-Lothar | Hauptmann | 24. 5. 40 |
| Schuster, Erich | Feldwebel | 21. 8. 41 |
| Schwarzmann, Alfred | Oberleutnant | 24. 5. 40 |

*Donth, Rudolf*

*Kempke, Wilhelm*

*Sassen, Bruno*

*Scheid, Johannes*

*Berger, Karl*

*Schäfer, Heinrich*

*Koch, Walter*

*Altmann, Gustav*

| NAME | DIENSTGRAD | DATUM DER VERLEIHUNG |
|---|---|---|
| Schweim, Heinz-Herbert (HG) | Major | 28. 2. 45 |
| Sempert, Günther | Hauptmann | 30. 9. 44 |
| Sniers, Hubert | Leutnant | 24. 10. 44 |
| Stecken, Albert | Major | 28. 4. 45 |
| Steets, Konrad (HG) | Gefreiter | 30. 11. 44 |
| Stehle, Werner | Leutnant | 28. 4. 45 |
| Stentzler, Edgar | Major | 9. 7. 41 |
| Stephani, Kurt | Major | 30. 9. 44 |
| Straehler-Pohl, Günther | Hauptmann | 10. 5. 43 |
| Stuchlik, Werner (HG) | Hauptmann | 30. 11. 44 |
| Stronk Wolfrann (HG) | Hauptmann | 18. 10. 44 |
| *Student, Kurt | Generalleutnant | 12. 5. 40 |
| Sturm, Alfred | Oberst | 9. 7. 41 |
| Tannert, Karl | Hauptmann | 5. 4. 44 |
| Teusen, Hans | Leutnant | 14. 6. 41 |
| Tietjen, Cord | Leutnant | 27. 5. 40 |
| Timm, Erich | Major | 3. 10. 44 |
| Toschka, Rudolf | Oberleutnant | 14. 6. 41 |
| Trebes, Horst | Oberleutnant | 9. 7. 41 |
| *Trettner, Heinrich | Major I. G. | 24. 5. 40 |
| Trotz, Herbert | Hauptmann | 30. 4. 45 |
| Tschierschwitz, Gerhard (HG) | Oberleutnant | 6. 12. 44 |
| Uhlig, Alexander | Oberfeldwebel | 29. 10. 44 |
| Veth, Kurt | Hauptmann | 30. 9. 44 |
| Vitali, Viktor | Leutnant | 30. 4. 45 |
| Wagner, Helmut | Leutnant | 27. 1. 42 |
| Wallhäuser, Heinz (HG) | Oberleutnant | 30. 11. 44 |
| Wangerin, Friedrich-Wilhelm | Hauptmann | 24. 10. 44 |
| Weck, Hans-Joachim | Leutnant | 30. 4. 45 |
| Welskop, Heinrich | Oberfeldwebel | 20. 8. 41 |
| Werner, Walter | Feldwebel | 9. 6. 44 |
| Wimmer, Johann (HG) | Hauptmann | 28. 1. 45 |
| Witte, Heinrich (HG) | Obergefreiter | 18. 5. 43 |
| Wittig, Hans-Karl | Feldwebel | 5. 2. 44 |
| Witzig, Rudolf | Oberleutenant | 10. 5. 40 |
| Zahn, Hilmar | Oberleutenant | 9. 6. 44 |
| Zierach, Otto | Oberleutenant | 15. 5. 40 |

* = Eichenlaub, Schwerter oder Schwerter mit Diamanten

(HG) = Division *Hermann Göring*

| NAME | GRAD | MIT | DATUM | NR. |
|---|---|---|---|---|
| Conrath, Paul | Glmj | Eichenlaub | 21. 2. 43 | 276 |
| Egger, Reinhard | Oblt | Eichenlaub | 24. 6. 44 | 510 |
| Fitz, Josef | Major | Eichenlaub | 24. 6. 44 | 511 |
| Gericke, Walter | Major | Eichenlaub | 17. 9. 44 | 585 |
| Grassmel, Franz | Major | Eichenlaub | 8. 5. 45 | 868 |
| Gröschke, Kurt | Oblt | Eichenlaub | 9. 1. 45 | 643 |
| Heidrich, Richard | Gllt | Eichenlaub | 5. 2. 44 | 382 |
| | | Schwerter | 25. 3. 44 | 55 |
| Heilmann, Ludwig | Oberst | Eichenlaub | 2. 3. 44 | 412 |
| | | Schwerter | 15. 5. 44 | 67 |
| von der Heydte Fr | Oblt | Eichenlaub | 18. 10. 44 | 617 |
| Kroh, Hans | Oblt | Eichenlaub | 6. 7. 44 | 443 |
| | Oberst | Schwerter | 12. 9. 44 | 96 |
| Meindl, Eugen | Gl FsTr | Eichenlaub | 31. 8. 44 | 564 |
| | | Schwerter | 8. 5. 45 | 155 |
| Meyer, Heinz | Hptm | Eichenlaub | 18. 11. 44 | 654 |
| Pietzonka, Erich | Oberst | Eichenlaub | 16. 9. 44 | 584 |
| Ramcke, Hermann | Glmj | Eichenlaub | 13. 11. 42 | 145 |
| | Gllt | Schwerter | 19. 9. 44 | 99 |
| | Gllt | Schwerter & Diamanten | 19. 9. 44 | 20 |
| Rennecke, Rudolf | Major | Eichenlaub | 25. 11. 44 | 664 |
| Rossmann, Karl | Major | Eichenlaub | 1. 2. 45 | 725 |
| Schirmer, Gerhart | Oblt | Eichenlaub | 18. 11. 44 | 657 |
| Schmalz, Wilhelm | Oberst | Eichenlaub | 23. 12. 43 | 358 |
| Schulz, Karl-Lothar | Oberst | Eichenlaub | 20. 4. 44 | 459 |
| | | Schwerter | 18. 11. 44 | 112 |
| Student, Kurt | General | Eichenlaub | 27. 9. 43 | 305 |
| Trettner, Heinrich | Glmj | Eichenlaub | 17. 9. 44 | 586 |
| Witzig, Rudolf | Major | Eichenlaub | 25. 11. 44 | 662 |

Gl FsTr = General der Fallschirmtruppe

Gllt = Generalleutnant

Glmj = Generalmajor

Oblt = Oberstleutnant

*Blauensteiner, Ernst*

*Becker, Karl-Heinz*

*Barmetler, Josef*

*Köppen, Eckardt*

*Dr. Neumann*

*Fries, Herbert*

*Beine, Erich*

*Bausch, Friedrich-Karl*

*Abratis, Herbert*

# REGISTER

*Kursiv* gesetzte Zahlen verweisen auf Abbildungen.